ESSENTIAL
Italian

Marina Di Stefano

ISBN 2-8315-1796-6

Second Printing. Printed in U.S.A. – September 1995.

ESSENTIAL ITALIAN

CONTENTS

INTRODUCTION   ix

How to use this book
The structure of the book
Guide to pronunciation

LEZIONE 1 HELLO, LET'S START!

1. Read and Repeat	3
2. Questions and Answers	3
3. And now remember . . . : how do you say?	4
4. Grammar points: did you notice?	4
"A"/"the"	
Verbs (avere)	
Vocabulary	5
Exercises	6

LEZIONE 2 INTRODUCTIONS: PLEASED TO MEET YOU!

1. Read and Repeat	10
2. Questions and Answers	10
3. And now remember . . . : how do you say?	12
4. Grammar points: did you notice?	13
Adjectives	
Verbs (essere, lavorare, etc., fare)	
Vocabulary	15
Exercises	16

LEZIONE 3 ANNA GOES ON A BUSINESS TRIP

1. Read and Repeat	22
2. Questions and Answers	22
3. And now remember . . . : how do you say?	24
4. Grammar points: did you notice?	25
Plurals	
"The"	
Verbs (essere, avere, andare, fare)	
Vocabulary	28
Exercises	30

LEZIONE 4 *AN INVITATION*

1. Read and Repeat   34
2. Questions and Answers   35
3. And now remember . . . : how do you say?   36
4. Grammar points: did you notice?   37
   Verbs (conoscere, etc., sapere)
   "some"/"any" (di, del, della, etc.)
   Adjectives (quello, bello)
   Numbers 1-20
Vocabulary   39
Exercises   42

LEZIONE 5 *THE OFFICE HOURS*

1. Read and Repeat   45
2. Questions and Answers   46
3. And now remember . . . : how do you say?   47
4. Grammar points: did you notice?   48
   Verbs (servire, etc., finire, volere, dovere, potere)
   "What's the time?"
   Numbers
Vocabulary   51
Exercises   52

LEZIONE 6 *LET'S REVIEW LESSONS 1 TO 5*

1. Buongiorno, cominciamo!   54
2. La presentazione: Piacere di conoscerti!   55
3. Anna parte per un viaggio di lavoro   55
4. Un invito   56
5. L'Orario d'ufficio   57
Test di Revisione   58

LEZIONE 7 *IN THE BAR*

1. Read and Repeat   64
2. Questions and Answers   65
3. And now remember . . . : how do you say?   66
4. Grammar points: did you notice?   67
   Possessive adjectives
   Very, not so, too much (molto, poco, troppo)
Vocabulary   70
Exercises   72

LEZIONE 8 *A RESERVATION*

1. Read and Repeat   77
2. Questions and Answers   78
3. And now remember . . . : how do you say?   79
4. Grammar points: did you notice?   80
   Negatives and double negatives
   Personal object pronouns (direct)
Vocabulary   82
Exercises   84

LEZIONE 9 *AT THE POST OFFICE*

1. Read and Repeat   90
2. Questions and Answers   90
3. And now remember . . . : how do you say?   91
4. Grammar points: did you notice?   92
   Giving your age
   Personal object pronouns (indirect)
   Ci
   Every (ogni)
   Verbs (piacere)
Vocabulary   95
Exercises   97

LEZIONE 10 *WHAT IS THE WEATHER LIKE?*

1. Read and Repeat   100
2. Questions and Answers   101
3. And now remember . . . : how do you say?   102
4. Grammar points: did you notice?   103
   Object pronouns
   Ne
Vocabulary   105
Exercises   108

LEZIONE 11 *WHAT DO WE NEED?*

1. Read and Repeat   112
2. Questions and Answers   113
3. And now remember . . . : how do you say?   115
4. Grammar points: did you notice?   116
   The present tense
   Verbs (stare)
   The future tense
Vocabulary   119
Exercises   121

LEZIONE 12 *LET'S REVIEW LESSONS 7 TO 11*

7. Al bar	124
8. Una prenotazione	125
9. All'ufficio postale	126
10. Che tempo fa?	126
11. Di che cosa abbiamo bisogno?	127
Test di revisione	128

LEZIONE 13 *CAN YOU SHOW ME THE WAY?*

1. Read and Repeat	134
2. Questions and Answers	135
3. And now remember . . . : how do you say?	136
4. Grammar points: did you notice?	137
Polite commands	
Vocabulary	138
Exercises	139

LEZIONE 14 *A CHAT*

1. Read and Repeat	144
2. Questions and Answers	145
3. And now remember . . . : how do you say?	147
4. Grammar points: did you notice?	147
The past tense: *passato prossimo*	
Da + time expression, per + time expression	
Vocabulary	151
Exercises	154

LEZIONE 15 *ALL'S WELL THAT ENDS WELL*

1. Read and Repeat	159
2. Questions and Answers	160
3. And now remember . . . : how do you say?	162
4. Grammar points: did you notice?	163
The past tense: imperfect	
Prima di, senza, invece di + infinitive	
Vocabulary	165
Exercises	167

LEZIONE 16 LET'S REVIEW LESSONS 13 TO 15

13. Mi indica la strada? ... 169
14. Una chiacchierata ... 170
15. Tutto bene quel che finisce bene ... 170
Test di revisione ... 172

LEZIONE 17 TALKING OF NIGHT LIFE

1. Read and Repeat ... 180
2. Questions and Answers ... 180
3. And now remember . . . : how do you say? ... 182
4. Grammar points: did you notice? ... 183
   Si: reflexive verbs
   Si: impersonal constructions
   More/less . . . than (più/meno . . . che)
   Adjectives: comparative and superlative
Vocabulary ... 185
Exercises ... 186

LEZIONE 18 LET US GO SHOPPING

1. Read and Repeat ... 191
2. Questions and Answers ... 193
3. And now remember . . . : how do you say? ... 195
4. Grammar points: did you notice? ... 196
   The subjunctive
Vocabulary ... 199
Exercises ... 202

LEZIONE 19 A WEDDING PARTY

1. Read and Repeat ... 207
2. Questions and Answers ... 208
3. And now remember . . . : how do you say? ... 211
4. Grammar points: did you notice? ... 212
   The conditional tense
   Fare + infinitive
Vocabulary ... 217
Exercises ... 219

LEZIONE 20 *LET'S REVIEW LESSONS 17 TO 19*

17. A proposito di vita notturna 221
18. Andiamo a fare spese 222
19. Una festa di matrimonio 223
Test di revisione 224

KEY TO EXERCISES 229

GLOSSARY 260

INTRODUCTION

For over a century, Berlitz language courses and books have helped people learn foreign languages for business, for pleasure, for travel - and helped people improve their ability to communicate with their fellow human beings all over the world. With more than 30 million students to date, Berlitz has maintained a tradition of excellence in language instruction that goes back to the founding of the company in 1878 by Professor Maximilian Berlitz.

Professor Berlitz's great innovation in the teaching of a foreign language was to modify the old practice of teaching grammar and vocabulary by rote, concentrating instead on the dynamic application of the living language from the moment a student begins his or her study. This Berlitz Essential book continues this successful method of foreign language teaching through dialog, phonetics and vocabulary.

Whether you're a beginner who's never studied a foreign language or a former student brushing up on old skills, *Berlitz Essential Italian* will provide you with all the tools and information you need to speak a foreign tongue easily and effectively. Furthermore, the book is designed to permit you to study at your own pace, based on your level of expertise.

* Lively bilingual dialogs describe actual, everyday situations in which you might find yourself when travelling in a foreign country.

* A phonetic guide to pronouncing words allows you to acquire the sounds of the language through the use of this book alone.

* Basic grammar is taught through actual phrases and sentences, which help you develop an instinctive sense of correct grammar without having to study long lists of rules and exceptions.

* An exercise section at the end of each lesson gives you the opportunity to pinpoint your strengths and weaknesses, and enables you to study more efficiently.

* The glossary at the end of the book gives you an easy reference list of all the words used in the book.

HOW TO USE THIS BOOK

The best way to learn any language is through consistent *daily* study. Decide for yourself how much time you can devote to the study of *Essential Italian* each day - you may be able to complete two lessons a day or just have time for a half-hour of study. Set a realistic daily study goal that you can easily achieve, one that includes studying new material as well as reviewing the old. The more frequent your exposure to the language, the better your results will be.

THE STRUCTURE OF THE BOOK

* Read the dialog at the beginning of each lesson aloud, slowly and carefully, using the translation and the pronunciation guide.

* When you have read the dialog through enough times to get a good grasp of the sounds and sense of it, read the grammar section, paying particular attention to how the language builds its sentences. Then go back and read the dialog again.

* When studying the vocabulary list, it is useful to write the words down in a notebook. This will help you remember both the spelling and meaning, as you move ahead. You might also try writing the word in a sentence that you make up yourself.

* Try to work on the exercise section without referring to the dialog, then go back and check your answers against the dialog or by consulting the answer section at the end of the book. It's helpful to repeat the exercises.

By dedicating yourself to the lessons in *Berlitz Essential Italian* course, you will quickly put together the basic building blocks of Italian, which will help you to continue at your own pace. You will find in this book all you need to know in order to communicate effectively in a foreign language; and you will be amply prepared to go on to master Italian with all the fluency of a native speaker.

GUIDE TO PRONUNCIATION

The sounds of the language have been converted into phonetic guides in parentheses under the words in the beginning lessons and in the *Leggi e Ripeti* section of every lesson. Instead of using complicated phonetic symbols, we've devised recognizable English approximations that, when read aloud, will give you the correct pronunciation of the foreign words. You don't need to memorize the phonetics; just sound the word out and practice pronunciation (which may differ greatly from the actual spelling of the word) until you're comfortable with it.

The phonetic guide is there to help you unlock the basic sound of each word; the accent and cadence of the language will eventually best be learned by conversation with someone who is already fluent.

For words with more than one syllable, we have marked the stress in bold: for example, profess**ohr**e, **payn**na

Below we have given a more detailed guide to the pronunciation of Italian letters along with some examples of the phonetics you will find in the book.

vowels

a	appears as either **a** or, when stressed, **aa** - gr**aa**tzee-e (grazie); st**aa**ntza (*stanza*)
e	**e** or **ay** (stressed) - p**ayn**na (penna); stas**ay**ra (*stasera*)
i	always **ee** - e.g. s**ee** (sì); l**ay**jjee (*leggi*)
o	**o** or **oh** - j**oh**rno (*giorno*)
u	always **oo** - t**oo** (*tu*); l**oo**nedee (*lunedì*)

consonants

c and **g** are either "soft" or "hard" in pronunciation depending on which letters they come before.

Before **a, o, u,** and all consonants, including **h, c** is "hard" - as in the English word "come." In the pronunciation guide in the book, the letter **c** is used to mark this hard sound.

Before **a, o, u** and all consonants except **l** and **n, g** is also "hard", representing the "g" in the English word "go". This sound is given in the pronunciation guide as **g**.

and e, however, c is sounded **ch** as in "chin": e.g. **chao** -
  ...nd g is sounded as **j**, as in "George" - johrno - (*giorno*).
   ...; sounds are given in the pronunciation guide as **ch** and **j**
  ...jectively.

The letter **g** also has a special effect on the letters **l** and **n** in the
combinations **gl** (e.g. *gli*) and **gn** (e.g. *bagno*): these are pronounced
as **ly** and **ny**, like the sounds in the English words "million" and
"onion," so *gli* becomes lyee and *bagno* baanyo.

The combination **sc** becomes **sh** when it appears before **i** or **e** - e.g.
proshootto (*prosciutto*); shaynda (*scenda*).

z is pronounced **tz**: staantza - *stanza*; graatzee-e - *grazie*

In Italian, all letters, with the exception of **h**, are sounded: this
includes the **e** at the end of words such as **professore**.
Note also that this means that double consonants are pronounced
distinctly. In the word professore, an Italian speaker would linger on
the **s**. By contrast, the **s** sound in words such as questo would be
much more like the English **s** in "fast" or "stress."

BUONGIORNO, COMINCIAMO!
HELLO, LET'S START!

Il professor Valli	**Ciao, Paul!** (chao) Hello, Paul!
Paul	**Buongiorno, professore! Come sta?** (Bwon-johrno, profes-sohre. Cohm-e sta?) Hello, sir! How are you?
Il professor Valli	**Bene, grazie. E tu?** (Bay-ne, graatzee-e. e too?) Fine, thanks. And you?
Paul	**Molto bene, grazie.** (Mohlto bay-ne, graatzee-e) Very well, thank you.
Il professor Valli	**Hai una penna, Paul?** (A-ee oona payn-na?) Do you have a pen, Paul?

Paul	**Sì, professore. Ho una penna. Ecco la penna!** (See, profes-**soh**re. O **oo**na payn-na. **Ec**-co la payn-na) Yes, sir. I have a pen. Here is the pen!
Il professor Valli	**Hai anche un quaderno?** (A-ee **aan**-ce oon cwada**y**rno?) Do you also have a notebook?
Paul	**Si, ho anche un quaderno. Ecco il quaderno!** (See, o **aan**-ce oon cwada**y**rno. **Ec**-co eel cwada**y**rno) Yes, I also have a notebook. Here is the notebook!
Il professor Valli	**Hai il libro di italiano?** (A-ee eel **lee**bro deetalee-**aan**o?) Do you have the Italian book?
Paul	**No, mi dispiace, non ho il libro. Ma ho il quaderno.** (No, mee deespee**aa**che, non o eel **lee**bro. Ma o eel cwada**y**rno) No, I am sorry, I don't have the book. But I do have the notebook.
Il professor Valli	**Va bene! Dov'e` il quaderno, Paul?** (va **bay**-ne. Doh-ve eel cwada**y**rno, Paul?) All right! Where is the notebook, Paul?
Paul	**Il quaderno e` sul tavolo, professore.** (Eel cwada**y**rno e sool **taa**volo, profes-**soh**re) The notebook is on the table, sir.
Il professor Valli	**Cosa c'e` lì, sul tavolo?** (Coh-sa che**lee** sool **taa**volo?) What is there, on the table?
Paul	**C'e` il quaderno e c'e` anche una penna** (Che eel cwada**y**rno e che **aan**-ce **oo**na payn-na) There is the notebook and there is also a pen.
Il professor Valli	**Bene! Cominciamo la lezione di italiano, allora.** (**Bay**-ne! Cominchee-**aa**mo la letzee-**ohn**e dee eetalee-**aan**o, al-**loh**ra) Good! Let us start the Italian lesson then!

1. LEGGI E RIPETI

Come sta?: How are you?
Bene, grazie! E tu?: Fine, thanks! And you?
Mi dispiace!: I am sorry!
Va bene!: All right!
Ecco la penna!: Here is the pen!
Ecco il quaderno!: Here is the notebook!
Cosa c'e` sul tavolo?: What is there on the table?
il professore di italiano: the Italian teacher
il libro di italiano: the Italian book

2. DOMANDE E RISPOSTE

Hai una penna?
Do you have a pen?

Sì, ho una penna.
Yes, I do have a pen.

Hai un quaderno?
Do you have a notebook?

Sì, ho un quaderno.
Yes, I do have a notebook.

una penna
a pen

Hai il libro di italiano?
Do you have the Italian book?

No, non ho il libro di italiano.
No, I don't have the Italian book.

Dov'e` la penna?
Where is the pen?

E` sul tavolo.
It is on the table

un quaderno
a notebook

Cosa c'e` sul tavolo?
What is there on the table?

C'e` la penna/C'e` il quaderno.
There is the pen/There is the notebook.

3. ADESSO RICORDA . . .

COME SI DICE?

I have got a book.	Ho un libro.
Here is the book!	Ecco il libro!
I don't have a pen.	Non ho la penna.
Here is the pen!	Ecco la penna!
The notebook is on the table.	Il quaderno e` sul tavolo.
Where is the book?	Dov'e` il libro?
on the table	sul tavolo
What is there?	Cosa c'e`?
What is there on the table?	Cosa c'e` sul tavolo?
There is a notebook on the table.	C'e` un quaderno sul tavolo.
I am sorry.	Mi dispiace.
Thank you	Grazie
All right	Va bene!
Let's start!	Cominciamo!

4. GRAMMATICA

HAI NOTATO?

There are two translations of "a" in Italian: **un,** for words which are masculine, for example, **un libro, un quaderno, un tavolo,** and **una,** for words which are feminine, for example, **una penna, una sedia** (a chair), **una scatola** (a box).

You will learn the gender of the word (masculine or feminine) as you learn the word itself. Most of the words ending in "o" are masculine, and almost all words ending in "a" are feminine. But there are exceptions. For example **lezione** (lesson) and **chiave** (key), ending with an "e," are feminine: **una lezione, una chiave,** while **professore** (teacher) and **studente** (student) are masculine: **un professore, uno studente.**

Uno is for masculine nouns beginning with **z** or **s** + a consonant. **For example: uno zio** (an uncle), **uno studio** (a study).

The definite article "the" is translated in Italian by **il,** when the noun is masculine: **un libro - il libro,** un quaderno - **il quaderno** and by **la** when the noun is feminine: **una penna - la penna, una lezione - la lezione, una chiave - la chiave.** Lo accompanies masculine nouns beginning with **z** or **s** + consonant: **uno studente - lo studente, uno zio - lo zio, uno studio - lo studio.**

The verb "to have/to have got" is translated in Italian by the verb **avere**. The first three persons of the present tense are:

[io]	**ho un libro**	I have a book
[tu]	**hai una penna**	you have a pen
Paul	**ha il quaderno e la penna**	Paul has the notebook and the pen

The most common way to make a sentence negative in Italian is to place the word non before the verb:

[io]	**non ho un quaderno**	I don't have a notebook
[tu]	**non hai una chiave**	you don't have a key
Paul	**non ha il libro di italiano**	Paul doesn't have the Italian book

Personal pronouns **io** (I), **tu** (you) are not as essential in Italian as they are in English, because the verb endings indicate which person is doing the action. We will reexamine this point in more detail in later chapters.

II VOCABOLARIO

il vocabolario: the vocabulary
una domanda: a question
una risposta: an answer
la grammatica: the grammar
la lezione: the lesson

leggi e ripeti: read and repeat
adesso ricorda: now try and remember
come si dice?: how do you say?
hai notato?: have you noticed?
esercizi: exercises

un professore: a teacher (University = a lecturer)
uno studente: a student

Buongiorno: Good morning/hello
Ciao: Hello/Good bye
grazie: thank you/ thanks
Tante grazie: many thanks

un tavolo: a table/ a desk
una sedia: a chair

una scatola: a box
una chiave: a key

la penna: the pen
la matita: the pencil
il quaderno: the notebook
il libro: the book.

sì: yes
no: no
e: and
è: is

cosa?: what?
Cosa c'e`?: What is there?
dove?: where?
Dov'e`?: Where is it?
Ecco!: Here it is!

io: I
tu: you
e tu?: and you? and what about you?
Come sta?: How are you? (formal) How are you doing?
mi dispiace: I am sorry
sto bene: I am fine
molto bene: very well
va bene! : all right!
allora: then, at that moment.
anche: also, too.
ma: but
su/ sul: on, on the
lì/ là: there

uno zio: an uncle
una zia: an aunt
uno studio: a study
cominciare: to start

ESERCIZI

1. *IN FRONT OF EACH WORD SUPPLY THE APPROPRIATE DEFINITE AND INDEFINITE ARTICLES:* **IL - LO -LA; UN - UNO - UNA.**

Esempio: **la - una** domanda, **lo - uno** studente

_____ libro, _____ chiave, _____ professore, _____ matita,
_____ quaderno, _____ lezione, _____ scatola, _____ tavolo,
_____ zio, _____ penna, _____ studio, _____ sedia

2. ANSWER THESE QUESTIONS IN THE AFFIRMATIVE AND IN THE NEGATIVE FORM:

Esempio:

Hai una penna?   **Si, ho una penna.**
                        No, non ho una penna.

Hai il libro di italiano?

Hai la chiave?

Hai una scatola?

Hai il quaderno di italiano?

3. COME SI DICE?

How do you say the following expressions in Italian?

Esempio:

What is there on the table?   **Cosa c'e` sul tavolo?**
There is a book.   **C'e` un libro.**

Where is the book?
on the table

I don't have the book.
All right!

How are you?
Fine, thanks.
And what about you?

I am sorry!
I don't have a pen.
Here is the pen!

Let's start!

PRESENTAZIONI: PIACERE DI CONOSCERTI!
INTRODUCTIONS: PLEASED TO MEET YOU!

Il professor Valli	**Buongiorno, io sono Marco Valli. E Lei come si chiama?** (Bwon-**johr**no, **ee**o **soh**no Marco Valli. E le-**ee cohm**-e see cee-**aama**?) Hello, I am Marco Valli. And what is your name?
La signorina Alberti	**Mi chiamo Anna Alberti, sono italiana. Anche Lei è italiano?** (Mee cee-**aamo** Anna Alberti. **Soh**-no eetalee-**aana**. **Aan**-ce le-**ee** e eetalee-**aano**?) My name is Anna Alberti. I am Italian. Are you also Italian?
Il professor Valli	**No, non sono italiano, sono australiano. Il mio nome è italiano, ma io sono nato in Australia.** (No, non **soh**-no eetalee-**aano**. **Soh**-no aoostralee-**aano**. Eel **mee**-o **nohm**-e e eetalee-**aano** ma **ee**-o **soh**-no **naato** in Aoostra**aleea**.) No, I am not Italian, I am Australian. My name is Italian, but I was born in Australia.

La signorina Alberti	**Bene! E lavora qui a Milano?** (Bay-ne. E lavoh-ra cwee a Meelaano?) Good! And do you work here in Milan?
Il professor Valli	**Sì, lavoro a Milano, insegno l'italiano in una scuola. E Lei che cosa fa?** (See, lavoh-ro a Meelaano. Eensayn-yo leetalee-aano in oona scwoh-la. lay-ee, ce cohsa faa?) Yes, I work here in Milan. I teach Italian in a school. And what do you do?
La signorina Alberti	**Io sono qui per lavoro. Ho un'agenzia di viaggio a Roma. Organizziamo viaggi, congressi e convegni in Italia e all'estero.** (Ee-o soh-no cwi per lavoh-ro. O oon ajentzee-a dee veeaajeeo a Rohma. Organeetz-eeaamo veeaajee, congrayssee e convaynyi een Itaaleea e al-laystero) I am here on business. I have a travel agency in Roma. We organize trips, conferences and meetings in Italy and abroad.
Il professor Valli	**È un lavoro interessante! Signorina, Le voglio presentare un mio studente, Paul. Paul, questa è la signorina Alberti. È italiana e viaggia molto.** (E oon lavoh-ro eenteres-saan-te. Seenyor-eena, lay vohlyo present-aare oon mee-o stoodaynte, Paul. Paul, cwaysta e la Seenyor-eena Alberti. E eetalee-aana e veeaaja mohlto) It is an interesting job! I want to introduce to you one of my students, Paul. Paul, this is Miss Alberti. She is Italian and she travels a lot.
Paul	**Buongiorno, signorina. Molto piacere di conoscerLa!** (Bwon-johrno, Seenyor-eena. Mohlto peeachayre dee conoshayrla) Hallo. Pleased to meet you!
La signorina Alberti	**Piacere Paul! E tu di dove sei?** (Peeachayre, Paul! E too, dee doh-ve say-ee?) How do you do, Paul? And where are you from?

Paul	Sono americano e studio l'italiano con il professor Valli.
	(Sohno americaano, e stoodeeo leetaleeaano con eel profes-sohre Valli)
	I am American and I study Italian with Mr. Valli.
La signorina Alberti	Bravo! Mi fa piacere conoscerti.
	(Braavo! Mee faa peeachayre conoshayrti)
	Well done! It is nice meeting you.

1. LEGGI E RIPETI

Sono americano, mi chiamo Paul. (Sohno americaano. Mee ceeaamo Paul)

Non sono italiano, sono australiano. (Non sohno eetaleeaano. Sohno aoostralee-aano)

Sono nato in Italia. (Sohno naato een Eetaaleea)

Anna è italiana, è nata in Italia. (Anna e eetaleeaana, e naata een Eetaaleea)

Le voglio presentare la signorina Alberti. (lay vohlyo present-aare la Seenyor-eena Alberti)

Ti presento Paul. (Tee presaynto Paul)

Questo è il professor Valli. (Cwaysto e eel profes-sohr Valli)

un lavoro interessante (Oon lavohro eenteres-saan-te)

Insegno l'italiano in una scuola. (Eensayn-yo leetalee-aano in oona scwoh-la)

Studio l'italiano. (Stoodeeo leetaleeaano)

Lavoro in un'agenzia di viaggio. (lavoh-ro een oon ajentzee-a dee veeaajeeo)

Molto piacere di conoscerLa. (Mohlto peeachayre dee conoshayrla)

Mi fa piacere conoscerti. (Mee faa peeachayre conoshayrti)

2. DOMANDE E RISPOSTE

Chi sei?
Who are you?
Sono Paul.
I am Paul.

Come ti chiami?
What is your name? (informal)
Mi chiamo Paul.
My name is Paul.

E tu, Paul, di dove sei?
And you, Paul, where are
  you from?

Sono di Boston, sono americano.
I am from Boston. I am
  American.

Lei come si chiama?
What is your name? (formal)

Mi chiamo Anna Alberti.
My name is Anna Alberti.

Dove è nata?
Where were you born?

Sono nata in Italia.
I was born in Italy.

Di dov'è?
Where are you from?

Sono di Milano, sono italiana.
I am from Milan. I am Italian.

Lei, professor Valli, è italiano ?

You, Mr. Valli, are you Italian?

**No, non sono italiano, sono
  australiano.**
No, I am not Italian. I am
  Australian.

**E Lei, signorina Alberti,
  è italiana?**
And you, Miss Alberti, are you
  Italian?

**Si, sono italiana, sono nata in
  Italia.**
Yes, I am Italian. I was born in
  Italy.

E tu, Paul, sei italiano?

And you, Paul, are you Italian?

**No, non sono italiano, sono
  americano, sono nato in
  America.**
No, I am not Italian, I am
  American. I was born in
  America.

Lei, professor Valli, cosa fa?
You, Mr. Valli, what do you do?
E dove lavora?
And where do you work?

Faccio l'insegnante.
I am a teacher.
Lavoro a Milano, in una scuola.
I work in Milano, in a school.

Lei, signorina Alberti, cosa fa?
You, Miss Alberti, what do
  you do?

Faccio l'agente turistico.
I am a tour operator.

e dove lavora?

and where do you work?

**Lavoro a Roma in un'agenzia
  di viaggio.**
I work in Rome in a travel
  agency.

E tu Paul cosa fai?	**Faccio lo studente.**
And you, Paul, what do you do?	I am a student.
e dove studi?	**Studio in una scuola a Boston.**
and where do you study?	I study in school in Boston.
Che cosa studi?	**Studio l'italiano.**
What do you study?	I study Italian.

E adesso, vediamo altre nazionalità:
And now, let's take a look at other nationalities:

Sono nato in Canada - sono canadese.
I was born in Canada - I am Canadian.

Sono nato a Mosca - sono russo.
I was born in Moscow - I am Russian.

Sono nato in Olanda - sono olandese.
I was born in Holland - I am Dutch.
Sono nato a Vienna - sono austriaco.
I was born in Vienna - I am Austrian.

Manuel è nato a Madrid - è spagnolo.
Manuel was born in Madrid - he is Spanish.
Greta è nata in Germania - è tedesca.
Greta was born in Germany - she is German.

Sono giapponese e parlo il giapponese.
I am Japanese - and I speak Japanese.
Sono svedese e parlo lo svedese.
I am Swedish - and I speak Swedish.

Sono arabo e parlo l'arabo.
I am an Arab and I speak Arabic.
Sophia è ungherese e parla l'ungherese.
Sophie is Hungarian and she speaks Hungarian.

---

3. ADESSO RICORDA . . .

COME SI DICE?

What is your name? (formal)	**Come si chiama?**
My name is Anna Alberti.	**Mi chiamo Anna Alberti.**
Where are you from?(formal)	**Di dov'è?**
I am from Milan - I am Italian.	**Sono di Milano - sono italiana.**
What do you do? (formal)	**Che cosa fa?**
I work in a travel agency.	**Lavoro in un'agenzia di viaggio.**

And you, Paul, where are you from?	E tu Paul, di dove sei?
I was born in Boston, I am American.	Sono nato a Boston, sono americano.
What do you do?	Che cosa fai?
I am a student.	Faccio lo studente.
I study Italian.	Studio l'italiano.
It is interesting!	È interessante!
Very pleased to meet you.	Molto piacere di conoscerLa!

4. GRAMMATICA

HAI NOTATO?

As we have seen, **adjectives** usually agree in gender with the noun to which they refer:

> Paul è american**o**
> Anna è italian**a**
> il professor Valli è australian**o**

There are in fact two kinds of adjectives in Italian:

(1) Those ending in o in the masculine form change the o into a in the feminine form:
   il professore australiano**, la signorina italian**a**

(2) Those ending in **e** in the masculine form keep the e also in the feminine
   Un professore irlandese**, una signorina irlandes**e**

As you will no doubt already have noticed, in Italian most adjectives normally follow the noun.

The definite article has a different form when it is used before masculine and feminine words beginning with a vowel - **l'**: **l'italiano, l'arabo, l'amico** (boyfriend), **l'amica** (girl friend).

The indefinite article has a similar form - **un'** This is used only before *feminine* words beginning with a vowel **un'agenzia, un'amica**.

The verb to be is translated in Italian by the verb **essere**. The first three persons of the present tense are:

(io)	sono	americano
(tu)	sei	canadese
(lei)/la signorina Alberti	è	italiana
(lui)/il professor Valli	è	australiano

Negative form:

(io)		non sono	italiano
(tu)		non sei	canadese
(lei)		non è	americana
(lui)		non è	italiano

In order to ask a question in Italian, you simply alter the intonation of the sentence: the word order remains exactly the same. Look at the following examples of statements and interrogatives.

Interrogative form:

Paul è americano. (statement)
Paul è americano? (question)
Il professor Valli non è italiano. (statement)
Il professor Valli non è italiano? (question)
(tu) sei tedesco. (statement)
(tu) sei tedesco? (question)

The *personal pronouns* io (I), tu (you), lui (he) and lei (she), as we have seen, are generally omitted, except when needed for clarity or emphasis.

Io sono australiano. Ma tu, sei italiano? (but are *you* Italian?)

Lui è il professor Valli. He is Mr. Valli.
Lei è la signorina Alberti. She is Miss Alberti.

But remember that <u>Lei</u> is also the *formal* pronoun for *you singular*. It is used when addressing a stranger or in general when speaking to someone with whom you are not on very intimate terms. **Tu** is the direct, informal way to address someone who is younger than you or whom you know well. **Lei** (formal) is often written with a capital, even in the middle of a sentence. In these lessons, you will always find the indications (formal) or (informal) to let you know whether the <u>Lei</u> or the <u>tu</u> form has to be applied.

Verbs ending in -**are** (1st conjugation) form the present tense by adding the following endings to the stem of the verb: -**o, -i, -a, -iamo, -ate, -ano.**

Examples of this sort of verb are:

lavorare (lavor-are) - to work
studiare - to study
parlare - to speak
presentare - to introduce

viaggiare - to travel
organizzare - to organize

The stem is the part of the verb before the -are ending. **viaggi-,
lavor-, parl-,** etc.

(io)	lavor-<u>o</u> in un'agenzia di viaggio
(tu)	stud-<u>i</u> l'italiano
Tu	stud-<u>i</u> l'italiano?(informal)
Anna	viaggi-<u>a</u> molto
Lei	viaggi-<u>a</u> molto?(formal)
Paul	non lavor-<u>a</u>, studi-<u>a</u>
(io)	present-<u>o</u> Paul a Anna
(tu)	parl-<u>i</u> l'italiano
Tu	parl-<u>i</u> l'italiano? (informal)
Paul	organizz-<u>a</u> un viaggio in Italia
Lei	organizz-<u>a</u> un viaggio in Italia? (formal)

Note: the verb **fare** - *to do* - is irregular.
The first three persons of the present tense are:

> **faccio** (fat-cho)
> **fai** (fai)
> **fa** (fà)

(Tu)Paul, che cosa fai? (informal) **Faccio lo studente.**
(Lei) Signorina Alberti, che cosa fa? (formal) **Faccio l'agente turistico.**

II VOCABOLARIO

lavorare: to work
un lavoro interessante: an interesting job
viaggiare: to travel
viaggio: trip
agenzia di viaggio: travel agency
agente turistico: tour operator
insegnare: to teach
insegnante: teacher
presentare: to introduce
presentazione: introduction
parlare: to speak
studiare: to study

organizzare: to organize
scuola: school
un congresso: a conference
un convegno: a meeting
Piacere/Molto piacere: How do you do?/ Pleased to meet you
Come ti chiami? (informal): What is your name?
Come si chiama? (formal) : What is your name?
Che cosa fai? (informal): What do you do?
Che cosa fa? (formal): What do you do?
Di dove sei? (informal): Where are you from?
Di dov'è? (formal): Where are you from?
Sono di Milano: I am from Milan
Lavoro a Milano, in Italia.: I work in Milan, in Italy.
Sono nato a Boston, in America.: I was born in Boston, in America.
Note: you use the preposition a in front of the names of towns, and
in in front of the names of countries.

Other prepositions:

di/da: from
di: of
con: with
a: to
per: for
francese: French
un amico francese: a French friend
una ragazza francese: a French girl
belga: Belgian
un ragazzo belga: a Belgian boy
svizzero: Swiss
parlare il tedesco: to speak German
studiare l'inglese: to study English
viaggiare all'estero: to travel abroad
nazionalità italiana: Italian nationality

ESERCIZI

*1. MAKE THE FOLLOWING ADJECTIVES AGREE WITH THE
NOUNS/THE PERSON TO WHICH THEY REFER:*

la signorina italian___

il professore australian___

il ragazzo belg___

l'amica giappones___

la ragazza svizzer___

un amico ungheres___

la scuola american___

un'agenzia olandes___

Greta è tedesc___

Paul è american___

parliamo la lingua svedes___

Manuel è spagnol___

È nato a Mosca - è russ___

2. COMPLETE THE FOLLOWING SENTENCES USING THE APPROPRIATE FORMS OF THE VERBS **ESSERE** AND **FARE**, AND INSERT THE CORRECT FORM OF THE MISSING VERB ENDINGS.

1. Io _____ di Boston, e Lei, signorina Alberti, di dov'___? ___ di Milano.

2. Tu ___ inglese, Paul? No, non ___ inglese, _____ americano.

3. Di dove ___ Paul? ___ di Boston.

4. Lei, signorina Alberti ___ di Milano? Sì,___ di Milano,_____ italiana.

5. Mi chiam___ Marco Valli e ___ australiano.

6. Paul studi___ l'italiano con il professor Valli.

7. Lei, signorina, come si chiam___? Mi chiam___ Anna Alberti.

8. Io non lavor___ in Italia, lavor___ qui a Boston. E tu dove lavor___?

9. La signorina Alberti lavor___ a Roma e f___ l'agente di viaggio. E tu che cosa f___?

10. Io ___ nato in Australia, ma parl___ bene l'italiano.

11. (Tu) Parl___ bene l'inglese, ma non parl___ l'italiano.

12. Tu, di dove ___ Greta? ___. nata in Germania e parl___ il tedesco e l'italiano.

13. E la tua amica di dov'___? ___ tedesca anche lei.

14. Lei, professor Valli, cosa f__? F___ il professore di italiano, insegn__ in una scuola.

15. Tu, Paul, che cosa f__? F___ lo studente, studi__ l'italiano con il professor Valli.

16. Lei, signorina Alberti, viaggi___ molto? Si, viaggi___ molto in Italia e all'estero.

17. Organizz___ viaggi e congressi.

18. Il professor Valli present___ un suo studente alla signorina Alberti.

3. *ONLY ONE OF THE CHOICES IN THESE SENTENCES IS CORRECT. WHICH IS IT?*

Sono nato   (a) in   (b) a   Boston   (c) per

Sono qui   (a) in   (b) a   America   (c) per   (a) in   (b) a   lavoro   (c) per

Lavoro   (a) in   (b) a   un'agenzia   (c) da   (a) a   (b) di   viaggio   (c) da

Insegno   (a) in   (b) a   Milano   (c) da   (a) in   (b) a   una scuola   (c) da

Sono italiana, sono   (a) di   (b) a   Milano   (c) da

Studio l'italiano   (a) da   (b) per   il professor Valli   (c) con

4. *NOW HAVE A GO AT FILLING OUT YOUR OWN PERSONAL PROFILE.*

Cognome:

Nome:

Data e luogo di nascita:

Indirizzo:

Nazionalità:

ANNA PARTE PER UN VIAGGIO DI LAVORO
ANNA GOES ON A BUSINESS TRIP

Paul **Anna, hai il biglietto d'aereo?**
(A-**ee** eel beelyetto daayreo?)
Anna, do you have your plane ticket?

Anna **Sì, Paul, ce l'ho. Non preoccuparti, è già nella borsa.**
(See, Paul. Cheloh. Non preocoopaartee. E jaa nayl-la bohrsa)
Yes, Paul, I have it. Don't worry, it is already in the bag.

Paul **Sono pronte le valigie?**
(Sohno prohnte lay valeejee-e?)
Are your suitcases ready?

Anna	Certo, è tutto pronto! Ci sono dei vestiti, delle scarpe, dei pantaloni, delle camicie e anche due giacche nelle valigie. Non ho dimenticato niente!

Anna Certo, è tutto pronto! Ci sono dei vestiti, delle scarpe, dei pantaloni, delle camicie e anche due giacche nelle valigie. Non ho dimenticato niente!
(Chayrto, e tootto prohnto. Chee sohno de-ee vesteetee, dayl-le scaarpe, de-ee pantalohnee, dayl-le cameechee-e e aance doo-e jeeaace nayl-le valeejee-e. Non o deementee-caato nee-aynte)
Of course, everything is ready! There are some dresses, some shoes, some pants, some shirts and also two jackets in the suitcases. I haven't forgotten anything!

Paul Hai anche il passaporto?
(A-ee aan-ce eel passapohrto?)
Do you also have your passport?

Anna No, non ho un passaporto, ho la carta d'identità.
(No, non o oon pas-sapohrto. O la caarta deedenteetaa)
No, I don't have a passport, I have an identity card.

Paul Bene! E dove vai? Ritorni a casa, a Roma?
(Bay-ne. E doh-ve vaee? Reetohrnee a caasa, a Rohma?)
Good! And where are you going? Are you going back home, to Rome?

Anna No, non vado a casa. Vado a Torino per una riunione.
(No non vaado a caasa. Vaado a Toreeno per oona reeyoon-yohne)
No, I am not going home. I am going to Turin for a meeting.

Paul Roma è la capitale e si trova nell'Italia centrale, non è vero? Ma dov'è Torino?
(Rohma e la capeetaale e see trohva nel-leetaalya chentraale, non e vayro? Ma dov-e Toreeno?)
Rome is the capital and is in central Italy, isn't that so? But where is Turin?

Anna Sì, Roma è al centro e Torino è nel nord d'Italia.
(See, Rohma e al chayntro e Toreeno e nel nord deetaalya)
Yes, Rome is in the center and Turin is in the north of Italy.

Paul Anna, come vai all'aereoporto? Prendi la metropolitana o vai in autobus?
(Anna, cohme vaee al-laayrayopohrto? Prayndee la metropoleetaana o vaee een aootobus)
Anna, how do you get to the airport? Do you take the subway or do you go by bus?

Anna	No, prendo un taxi, è piu` comodo.

Anna No, prendo un taxi, è piu` comodo.
(No, prayndo oon taaxi. E pyoo cohmodo.)
No, I take a taxi. It's more convenient.

Paul Quanto ci mette il taxi ad arrivare all'aereoporto?
(Cwaanto chi mayt-te eel taaxi ad arrivaare al-laayrayopohrto?)
How long does the taxi take to get to the airport?

Anna Ci mette quasi un'ora.
(Chi mayt-te cwaasi oon ohra)
It takes nearly an hour.

Paul E quando parti? Oggi?
(E cwaando paartee? Ohjee?)
And when are you leaving? Today?

Anna No, non parto oggi. Parto domani mattina.
(No, non paarto ohjee. Paarto dohmanee mat-teena)
No, I am not leaving today. I am leaving tomorrow morning.

Paul A che ora?
(A ce ohra?)
What time?

Anna Parto presto, parto da qui alle otto. E tu sei molto curioso, non è vero Paul?
(Paarto praysto. Paarto da cwee alle otto. E too se-ee mohlto cooriohso, non e vayro?)
I am leaving early. I am leaving from here at eight. And you are very nosy, aren't you, Paul?

Paul Ma tu torni presto, me lo prometti?
(Ma too tohrni praysto, me lo promayttee?)
But you are coming back soon, will you promise me?

Anna Certo, tra una settimana. Mi mancherai, Paul!
(Chayrto, tra oona setteemaana. Mee mancer-aee, Paul!)
Of course, in a week. I will miss you, Paul!

Paul Anche tu mi mancherai. Buon viaggio, Anna!
(Aance-too mee mancer-aee. Bwohn veeaajeeo!)
I will miss you too. Have a good trip, Anna!

Anna Arrivederci, Paul! Appena arrivo a Torino ti mando tante belle cartoline
(Arreevedayr-chi, Paul! Appayna arreevo a Toreeno tee maando taante baylle cartoleene)
See you soon, Paul! As soon as I arrive in Torino, I will send you lots of nice postcards.

1. LEGGI E RIPETI

viaggio di lavoro (veeaajeeo dee lavohro)

il biglietto d'aereo (eel beelyaytto daayrayo)

Ho il biglietto. (O eel beelyaytto)

Anna ha il biglietto. (Anna a eel beelyaytto)

Non ho un passaporto, ho la carta d'identità. (Non o oon pas-
sapohrto. O la caarta deedenteetaa)

Non preoccuparti. (informal) (Non preoccoopaartee)

La valigia di Anna è pronta. (La valeejeea dee Anna e prohnta)

Le valigie sono pronte. (Lay valeejee-e sohno prohnte)

È tutto pronto. (E tootto prohnto)

Non ho dimenticato niente. (Non o deementicaato nyente)

C'è la giacca di Anna nella borsa. (Ce la jaacca dee Anna nella
bohrsa)

Ci sono dei vestiti e delle scarpe nella valigia. (Chee sohno day-ee
vaysteetee e dayl-le scaarpe nayl-le valeejee-e)

Vado a casa. (Vaado a caasa)

Anna non ritorna a casa. (Anna non reetohrna a caasa)

Anna va a Torino per una riunione. (Anna vaa a Tohreeno per oona
reeyoonyohne)

Roma è nell'Italia centrale. (Rohma e nell eetaalya chentraale)

Torino è nel nord d'Italia. (Toreeno e nel nord deetaalya)

Prendo un taxi. (Prayndo oon taaxi)

Prendo la metropolitana. (Prayndo la metropoleetaana)

Prendo l'autobus. (Prayndo laootobus)

Anna non prende il treno. (Anna non praynde eel trayno)

Anna parte da casa alle otto. (Anna paarte da caasa alle otto)

Anna va all'aereoporto in taxi. (Anna va al-laayrayopohrto in taaxi)

Il taxi ci mette quasi un'ora. (Eel taaxi chi mayt-te cwaasee oon ohra)

Me lo prometti? (May lo promayttee)

Mi mancherai. (Mee mancer-aaee)

Ti mando una bella cartolina. (Tee maando oona baylla cartoleena)

Paul è curioso. (Paul e cooriohso)

Ritorno presto. (Reetohrno praysto)

Anna parte presto. (Anna paarte praysto)

Ritorno tra una settimana. (reetohrno traa oona setteemaana)

Arrivederci a presto. (Arreevedayr-chi a praysto)

2. DOMANDE E RISPOSTE

Hai il biglietto?	Sì, ce l'ho.
Do you have the ticket?	Yes, I have it.

Hai il passaporto?
Do you have a passport?

**No, non ho un passaporto.
Ho la carta d'identità.**
No, I don't have a passport.
I have an identity card.

Dov'è il biglietto d'aereo?
Where is the plane ticket?

È nella borsa di Anna.
It is in Anna's bag.

Dove sono i vestiti e le scarpe di Anna?
Where are Anna's dresses and shoes?

Sono nella valigia.

They are in the suitcase.

Cosa c'è nella valigia di Anna?
What is there in Anna's suitcase?

Ci sono dei vestiti, delle scarpe e anche delle camicie e dei pantaloni.
There are some dresses, some shoes and also some shirts and some trousers.

Sono pronte le valigie?
Are the suitcases ready?

Sì, sono pronte. Tutto è pronto!
Yes, they are ready. Everything is ready!

Dove va Anna?
Where is Anna going?

Va a Torino per lavoro.
She is going to Turin on business.

Dov'è Roma?
Where is Rome?
Dov'è Torino?
Where is Turin?
Dove sono Roma e Torino?
Where are Rome and Turin?

È nell'Italia centrale.
It is in central Italy.
È nel nord d'Italia.
It is in the north of Italy.
Sono in Italia. Sono due città italiane.
They are in Italy. They are two Italian cities.

Come vai all'aereoporto?
How are you going to the airport?

Vado in treno.
I am going by train.

Come va Anna all'aereoporto?
How is Anna going to the airport?

Prende un taxi.
She is taking a taxi.

Quanto ci mette il taxi per l'aereoporto?
How long does the taxi take to the airport?

Ci mette quasi un'ora.
It takes nearly an hour.

Quando parte Anna?	**Parte domani mattina presto.**
When is Anna leaving?	She is leaving early tomorrow morning.
A che ora?	**Alle otto.**
What time?	At eight.
Quando torni?	**Torno presto.**
When are you coming back?	I am coming back soon.
Me lo prometti?	**Te lo prometto.**
Will you promise me?	I promise.
Quando torna Anna?	**Tra una settimana.**
When is Anna coming back?	In a week.
Cosa mi mandi da Torino?	**Ti mando una cartolina.**
What are you sending me from Turin?	I am sending you a postcard.
Cosa manda Anna a Paul da Torino?	**Gli manda tante belle cartoline**
What is Anna sending Paul from Turin?	She is sending him lots of nice postcards.

3. ADESSO RICORDA...

COME SI DICE?

I have the ticket.	Ho il biglietto.
I don't have the passport.	Non ho il passaporto.
The suitcases are ready.	Le valigie sono pronte.
Everything is ready.	Tutto è pronto.
The jacket is in the bag.	La giacca è nella borsa.
I haven't forgotten anything.	Non ho dimenticato niente.
Don't worry.	Non preoccuparti.
I am going home.	Vado a casa.
I am going to a meeting.	Vado a una riunione.
I take a taxi.	Prendo un taxi.
I take the subway.	Prendo la metropolitana.
I go by bus.	Vado in autobus.
nearly an hour	quasi un'ora
I am leaving today.	Parto oggi.
What time?	A che ora?
I am leaving early.	Parto presto.
I am coming back soon.	Ritorno presto.
I am coming back in a week.	Ritorno tra una settimana.

I miss you a lot.	Mi manchi molto.
Have a good trip!	Buon viaggio!
Goodbye, see you soon.	Arrivederci a presto.

4. GRAMMATICA

HAI NOTATO?

The definite article il (with masculine nouns) changes to i in the plural, while the definite articles la (with feminine nouns) and l' (with feminine nouns beginning with a vowel) change to le:

il biglietto	i biglietti
il vestito	i vestiti
il viaggio	i viaggi
il ragazzo	i ragazzi
la valigia	le valigie
la camicia	le camicie
la cartolina	le cartoline
la ragazza	le ragazze
l'agenzia	le agenzie
l' amica	le amiche

The definite articles lo (with masculine nouns beginning with z or s + cons.) and l' (with masculine nouns beginning with a vowel) become gli (pronounced lyee) in the plural.

lo studente	gli studenti
lo zio	gli zii
l'aereo	gli aerei
l'amico	gli amici
l'insegnante	gli insegnanti

Masculine nouns and adjectives ending in o change the o to i in the plural, while feminine nouns and adjectives ending in a change the a to e:

il vestito rosso	i vestiti rossi
la valigia piccola	le valigie piccole
il treno comodo	i treni comodi
la ragazza curiosa	le ragazze curiose

Nouns and adjectives ending in **e**, whether masculine or feminine, change the **e** to **i** in the plural:

lo studente intelligente	gli studenti intelligenti
la lezione interessante	le lezioni interessanti

Note: Feminine nouns and adjectives ending in **-ca** and **-ga** add an **-h** in the plural in order to preserve the hard sound of the singular. Some masculine nouns and adjectives ending in **co** and **go** also change in **chi** and **ghi** in the plural:

la giacca bianca	le giacche bianche (the white jackets)
il pacco	i pacchi (the packets)
il lago	i laghi (the lakes)
il parco	i parchi (the parks)
il ragazzo stanco	i ragazzi stanchi (the tired boys)
la ragazza stanca	le ragazze stanche (the tired girls)
il tavolo largo	i tavoli larghi (the large tables)
la borsa bianca	le borse bianche (the white bags)

But remember the plural of **l'amico** is **gli amici** (pronounced *lyee ameechee)*.

To form sentences in the plural you need to know how to form the plural persons of verbs. Here are some examples of plural forms using the verbs **essere, avere,** and some of the first conjugation verbs ending in **-are,** which you studied earlier. Note that the personal pronouns **noi** (*we*), **voi** (*you plural*) and **loro** (*they*) are used only for the purposes of emphasis or contrast.

Essere
<u>Noi</u> *siamo* a Roma per lavoro, <u>voi</u> per piacere.
We are in Rome on business, you for pleasure.
Tu e Paul (voi) *siete* in vacanza.
You and Paul are on vacation.
I vestiti di Anna *sono* nella valigia.
Anna's clothes are in the suitcase.
Il biglietto d'aereo e la carta d'identità *sono* nella borsa di Anna.
The plane ticket and the identity card are in Anna's bag.
Anna e Paul *sono* amici.
Anna and Paul are friends.

Avere

Noi *abbiamo* i biglietti ma *non abbiamo* il passaporto.
We have the tickets but we don't have the passport.
Tu e Paul *avete* i vestiti e le camicie nella valigia.
You and Paul have your suits and your shirts in the suitcase.
Anna e Paul *hanno* una settimana di vacanza.
Anna and Paul have a week's vacation.

You've already met these verbs in -are in the previous lesson:
cominciare: to start, **viaggiare**: to travel, **studiare**: to study and
lavorare: to work

Here are some more for you to learn:

abitare: to live
aspettare: to wait
ritornare: to come back/to go back
parlare: to speak
dimenticare: to forget
mandare: to send

Anna ed io *abitiamo* a Milano, ma *viaggiamo* molto. *Ritorniamo* a casa solo per le vacanze.
Anna and I live in Milan, but we travel a lot. We come back home just for the holidays.
Noi *aspettiamo* il treno, voi *aspettate* l'autobus.
We are waiting for the train, you for the bus.
Voi (tu e Paul) *studiate* l'italiano e *cominciate* la lezione alle otto.
You (you and Paul) study Italian and start your lesson at eight.
Anna e i suoi amici *lavorano* in un'agenzia di viaggio.
Anna and her friends work in a travel agency.
Anna e Paul *parlano* e *dimenticano* di partire.
Anna and Paul talk and forget to leave.
Le amiche di Anna *mandano* delle cartoline da Roma.
Anna's friends send some postcards from Rome.

Now compare these sentences in the singular and in the plural:

(Io) **abito** a Boston e **ritorno** in Italia per le vacanze.
Anna ed io **abitiamo** a Boston e **ritorniamo** in Italia per le vacanze.

Anna è italiana ma **lavora** a Boston.
Anna e i suoi amici **sono** italiani ma **lavorano** a Boston.

C'è il libro sul tavolo.
Ci sono dei libri sul tavolo.

Tu viaggi con una valigia piccola.
Tu e Anna viaggiate con delle valigie piccole.

andare (to go) and fare (to do) are irregular verbs. Note how their stems change, and how the n in the third person plural is doubled vanno, fanno.

andare	fare
(io) vad-o a casa	(io) facci-o le valigie
(tu) va-i a casa	(tu) fa-i le valigie
Anna v-a a Roma	Anna f-a le valigie
(noi) andi-amo in treno (by train)	(noi) facci-amo le valigie
(voi) and-ate in taxi	(voi) f-ate le valigie
(loro) van-no in autobus	(loro) fan-no le valigie

IL VOCABOLARIO

arrivare: to arrive
arrivare all'aereoporto/alla stazione: to arrive at the airport/at the station
abitare (a Roma): to live (in Rome)
partire: to leave
partire dalla stazione: to leave from the station
viaggiare: to travel
un viaggio di lavoro: a business trip
una riunione di lavoro: a business meeting
tornare/ritornare: to come/to go back
ritornare a casa: to come/to go back home
mandare (una lettera/una cartolina): to send (a letter/a postcard)
mancare: to miss
perdere il treno: to miss the train
dimenticare: to forget
ricordare: to remember/to remind
preoccuparsi: to worry
promettere: to promise
salutare: to greet, to say goodbye

quando: when
come: how
quanto/quanto tempo: how long

a che ora?: (at) what time?
quasi un'ora : nearly an hour
oggi: today
domani: tomorrow
presto: early, soon
tardi: late
appena/non appena: as soon as
già: already
quasi: nearly, almost
torno presto: I am coming back soon
torna presto! (imperative): Come back soon!
torno subito: I will be right back
tra una settimana: in a week
vacanza: vacation
una settimana di vacanza: a week's vacation

comodo: confortable, convenient
curioso: nosy, odd
valigia: suitcase
bagaglio (a mano): (hand) luggage
vestiti: clothes
vestito da donna: dress
vestito: suit
giacca: jacket
un paio di pantaloni: a pair of pants
un paio di scarpe: a pair of shoes
camicia: shirt
camicia da donna, camicetta: blouse
camicia bianca: white shirt
fare le valigie/i bagagli: to pack
disfare le valigie: to unpack
biglietto d'aereo: plane ticket
biglietto della metropolitana: subway ticket
biglietto dell'autobus: bus ticket
biglietto del treno: rail ticket

ragazzo: boy
ragazza: girl
parco: park
lago: lake
macchina: car
borsa: bag
pacco: parcel
interessante: interesting
piccolo: small

breve: short
rosso: red
bianco: white

prendere: to take
prendere l'aereo: to take the plane
prendere un taxi: to take a taxi
prendere la metropolitana: to take the subway
prendere l'autobus: to take the bus
prendere il treno: to take the train
aspettare: to wait
aspettare il treno/l'autobus: to wait for the train/the bus
andare: to go
andare in autobus: to go by bus
andare in taxi: to go by taxi
andare in metropolitana: to go by subway
andare in macchina: to go by car
andare a piedi: to walk, to go on foot
andare in aereo: to go by plane
andare in treno: to go by train
buon viaggio!: Have a good trip!
arrivederci a presto: Goodbye/So long, see you soon

ESERCIZI

1. REWRITE THE FOLLOWING SENTENCES IN THE PLURAL:

Ex: (tu) hai il biglietto?
(voi) avete i biglietti?

1. L'amica di Anna è a Roma.

2. Anna lavora in un'agenzia di viaggio.

3. (Io) vado all'aereoporto in taxi.

4. C'è il vestito nella valigia.

5. La giacca è nella borsa.

6. (Io) non ho il biglietto.

7. Tu sei in vacanza.

8. Anna non va in metropolitana, va in taxi.

9. (Io) ritorno tra una settimana.

10. La valigia è pronta.

11. (Tu) viaggi molto.

12. L'amica di Anna manda la cartolina da Roma.

13. Paul studia la lezione.

14. (Io) faccio la valigia.

15. (Tu) non torni a casa presto, torni tardi.

16. (Tu) Cosa fai domani?

2. NOW ANSWER THE FOLLOWING QUESTIONS ABOUT ANNA AND ITALY, USING THE LESSON 3 DIALOG:

1. Dove va Anna?

2. Ha il passaporto?

3. Dov'è il biglietto d'aereo?

4. Cosa c'è nella valigia di Anna?

5. Come va all'aereoporto?

6. Quando parte?

7. Quanto ci mette il taxi ad arrivare all'aereoporto?

8. Quando ritorna?

9. Cosa manda a Paul appena arriva a Torino?

10. Come saluta Paul?

11. Dov'è Roma?

12. Dov'è Torino?

UN INVITO

AN INVITATION

Da casa, la signora Carla Valli, la moglie di Marco Valli, telefona ad un'amica in ufficio.
From home, Mrs. Carla Valli, Marco Valli's wife, is calling a friend at her office.

Carla Valli   **Pronto. Laura, come stai?. . . Io sto bene, grazie. Sono solo un po' stanca. Sai com'è, i bambini, la casa, il lavoro.**
Hello. Laura, how are you? I am fine, thanks . I am only a bit tired. You know how it is, the children, the house, the job.

L'amica al telefono	**Oh, capisco! Anch'io ho avuto una brutta settimana. Sono stata in ufficio fino a tardi lunedì, martedì e mercoledì. Ieri abbiamo avuto degli ospiti stranieri tutto il giorno e oggi sono distrutta. Non vedo l'ora di andare a casa!**
	Oh, I understand! I have also had a terrible week. I was in the office until late on Monday, Tuesday and Wednesday. Yesterday we had some foreign guests all day long and today I am completely worn out. I can't wait to get home!
Carla Valli	**Ti telefono proprio per tirarti su. Marco ed io stiamo organizzando una serata a teatro con degli amici. Ci sono Aldo e Beppe, i colleghi di Marco. Tu li conosci. E poi c'è Valeria, una mia amica molto simpatica.**
	I am calling just to cheer you up. Marco and I are organizing an evening at the theater with some friends. There are Aldo and Beppe, Marco's colleagues. You know them. And there is Valeria, a very nice friend of mine.
L'amica al telefono	**Benissimo, e dove andate?**
	Very well, and where are you going?
Carla Valli	**Andiamo a vedere una commedia musicale, tratta da una novella di Pirandello, Liolà. E poi pensiamo di andare in pizzeria. Vieni con noi?**
	We are going to see a musical adapted from a Pirandello short story, *Liolà*. And we are thinking of going to a pizzeria afterwards. Are you coming with us?
L'amica al telefono	**No, grazie, non ce la faccio! Sono troppo stanca. Vengo con voi la prossima volta.**
	No, thank you, I can't make it! I am too tired. I shall come with you next time.
Carla Valli	**Mi dispiace, ma adesso devo lasciarti. Sono già le sei e tra un'ora e mezza andiamo ad incontrare gli amici di Marco in centro. Devo preparare la cena e mettere a letto i bambini per le sette se vogliamo essere puntuali.**

I am sorry, but I have got to go now. It is already six o'clock and in an hour and a half we are going to meet Marco's friends downtown. I have to get supper ready and put the children to bed by seven o' clock if we want to be on time.

L'amica al telefono	**Arrivederci allora, Carla, e grazie per l'invito. Divertiti e ci vediamo un'altra volta.**
	Goodbye then, Carla, and thanks for the invitation. Enjoy yourself and see you some other time.
Carla Valli	**A presto, Laura. E cerca di riposarti un po' questo fine settimana!**
	So long, Laura. And try to rest this weekend!

1. LEGGI E RIPETI

la moglie di Marco (la mohlyeeay dee Marco)
da casa (da caasa)
in ufficio (een oofeecho)
sto bene (stoh bay-ne)
sono un po' stanco (sohno oon poh staanco)
sono distrutto! (sohno deestrootto)
non vedo l'ora (non vaydo lohra)
tutto il giorno (tootto eel johrno)
il fine settimana (eel feene setteemaana)
ieri - oggi - domani (yayri - ohjjee - domaani)
lunedì - martedì - mercoledì (loonedee - martedee - mercoledee)
giovedì - venerdì - sabato - domenica (jovedee - venerdee - saabato - domaynica)
ospite straniero (ohspeete stranyayro)
per tirarti su (payr teerartee soo)
serata a teatro (seraata a teaatro)
in pizzeria - al ristorante - al cinema (een peetzereea - al reestoraante - al cheenayma)
Capisco! (Capeesco)
fino a tardi (feeno a taardee)
lo conosco (loh conohsco)
lo so (loh soh)
sai com'è (saee com-ay)
i colleghi di Marco (ee collaygee dee Marco)
molto simpatico - molto simpatici (mohlto simpaatico - mohlto simpaatichee)

Dove andate? (dohve andaate?)
commedia musicale (commaydeea moosicaale)
novella (novaylla)
non ce la faccio (non che la faacho)
la prossima volta (la prohssima vohlta)
un'altra volta (oon aaltra vohlta)
in centro (een chayntro)
preparare la cena (preparaare la chayna)
mettere i bambini a letto (mayttere ee bambeenee a laytto)
essere puntuali (ayssere poontooaalee)
divertiti! (deevayrteetee)
grazie per l'invito! (Graatzee-e per leenveeto)
riposati! (reepohsatee)

2. DOMANDE E RISPOSTE

Come stai?	**Sto bene, grazie.**
How are you? (informal)	I am fine, thanks.
Cosa fate stasera?	**Stiamo organizzando**
What are you doing this evening?	**una serata con gli amici.**
	We are organizing an evening with friends.
Dove andate?	**Andiamo a teatro/al**
Where are you going?	**cinema/in pizzeria/al ristorante.**
	We are going to the theatre/ the movies/the pizzeria/the restaurant.
Cosa andate a vedere?	**Una commedia musicale.**
What are you going to see?	**Un film.**
	A musical/ a movie
Vieni con noi?	**Sì, volentieri.**
Are you coming with us?	Yes, with pleasure.
	No grazie, non ce la faccio.
	No thanks, I can't make it.
	Vengo la prossima volta.
	I'll come next time.
	Grazie per l'invito.
	Thanks for the invitation.
Conosci i colleghi di Marco?	**Sì, li conosco./No, non li**
Do you know Marco's colleagues?	**conosco.**
	Yes, I know them/ No, I don't know them.

Che giorno è oggi?	**È lunedì/martedì/mercoledì/ giovedì/ venerdì/ sabato/ domenica.**
What day is it today?	
Sai che giorno è oggi?	**No, non lo so.**
Do you know what day is it today?	No, I don't know.
	Sì, lo so è venerdì.
	Yes, I know it is Friday.
Cosa fai per il fine settimana?	**Mi riposo.**
What are you doing on the weekend?	I'll have a rest.
	Vado al mare.
	I am going to the seaside.
	Vado in montagna.
	I am going to the mountains.
	Vado in campagna.
	I am going to the countryside.
Sei sempre puntuale?	**Sì, sono sempre puntuale.**
Are you always on time?	Yes, I am always on time.
Non sei mai in ritardo?	**Sì, qualche volta.**
Are you never late?	Yes, sometimes.
Sei stanco?	**Sì, sono stanco, sono distrutto.**
Are you tired?	Yes, I am tired, I am worn out.
	Ho avuto una brutta settimana.
	I have had a terrible week.

3. ADESSO RICORDA . . .

COME SI DICE?

How are you? (informal)	**Come stai?**
How are you, Mrs Valli? (formal)	**Come sta, signora Valli?**
I am a bit tired.	**Sono un po' stanco**
Oh, I see/I understand!	**Ah, capisco!**
I can't wait to get home!	**Non vedo l'ora di andare a casa!**
to cheer you up	**per tirarti su**
a very nice friend of mine	**un/a mio/a amico/a molto simpatico/a (m/f)**
Where are you going?	**Dove vai? (sing)**
	Dove andate?(plur)
Are you coming with us?	**Vieni con noi?(sing)**
	Venite con noi? (plur)
I can't make it!	**Non ce la faccio.**
I will come next time.	**Vengo la prossima volta.**
some other time	**un'altra volta**
I have got to go now.	**Devo lasciarti adesso.**

in an hour	tra un ora
in an hour and a half	tra un'ora e mezza
to be on time	essere puntuale
Thanks for the invitation	Grazie per l'invito
Have a rest! (informal)	Riposati!
Enjoy yourself! Have fun! (informal)	Divertiti!

4. GRAMMATICA

HAI NOTATO?

The present tense of verbs ending in -ere is formed by adding the endings -o, -i, -e, -iamo, -ete, -ono to the root.

Study the following examples:

conosc-ere: to know, to meet		**ved-ere:** to see
(io)	conosc-o	ved-o
(tu)	conosc-i	ved-i
Anna	conosc-e	ved-e
(noi)	conosc-iamo	ved-iamo
(voi)	conosc-ete	ved-ete
(loro)	conosc-ono	ved-ono

Here are some more commonly used verbs ending in -ere: **leggere** (to read), **mettere** (to put / to take), **scrivere** (to write), **vivere** (to live)

sapere (to know, to know how to) is an irregular verb in -ere. Note how the stem changes:

s-o
s-ai
s-a
sapp-iamo
sap-ete
s-anno

Note the difference between **sapere** and **conoscere**:

Conosci gli amici di Marco? No, non li conosco. (I don't know them, I haven't met them)
Sai che giorno è oggi? Non lo so. (I don't know it -I don't have this knowledge)

Study the following sentences:

C'è *una* giacca *nella* borsa.
Ci sono *delle* giacche *nelle* borse.
Ci sono *dei* vestiti, *delle* scarpe, *dei* pantaloni e *delle* camicie *nella* borsa di Anna.
Vado *all'* aereoporto.
Mando *una* cartolina *da* Roma.
Mandiamo *delle* cartoline *da* Roma.
Carla Valli telefona *da* casa *all'* amica *in* ufficio.

In Italian the idea of *some* or *any* is expressed by **di** plus the definite article. When the prepositions **di** (of, belonging to), **a** (at, to, on), **da** (from, by, to, at, since), **in** (in, into, at), **su** (on, upon, in, above, about, up) precede the definite article, they contract to form one word as shown in the following table.

	il	la	lo	l'	i	le	gli
di	del	della	dello	dell'	dei	delle	degli
a	al	alla	allo	all'	ai	alle	agli
da	dal	dalla	dallo	dall'	dai	dalle	dagli
in	nel	nella	nello	nell'	nei	nelle	negli
su	sul	sulla	sullo	sull'	sui	sulle	sugli

The adjectives **quello** (that) and **bello** (nice, beautiful), when used before a noun, follow a pattern similar to that of the definite articles:

quel	quella	quello	quell'	quei	quelle	quegli
bel	bella	bello	bell'	bei	belle	begli

Study the following sentences and note how prepositions, adjectives and verbs change in the plural:

un bel ragazzo straniero	dei bei ragazzi stranieri
conosci quella bella ragazza	conoscete quelle belle ragazze
una bella cartolina	delle belle cartoline
un collega d'ufficio	dei colleghi d'ufficio
vado al concerto	andiamo ai concerti
vado a un bel concerto	andiamo a dei bei concerti
metto quel libro sul tavolo	mettiamo quei libri sui tavoli
conosci quello studente?	conoscete quegli studenti?
lavora nell'ufficio italiano	lavorano negli uffici italiani

hai una bella giacca bianca   avete delle belle giacche bianche
c'è un bel bambino nel parco   ci sono dei bei bambini nei parchi

Adesso impariamo a contare da 1 a 20

1	2	3	4	5	6	7	8	9	10
uno	due	tre	quattro	cinque	sei	sette	otto	nove	dieci

11	12	13	14	15
undici	dodici	tredici	quattordici	quindici

16	17	18	19	20
sedici	diciassette	diciotto	diciannove	venti

C'è solo uno studente in classe. Ci sono dieci studenti in classe.
There is only one student in the class. There are ten students in the
class.
Anna parte alle otto.
Anna leaves at eight.
Roma e Milano sono due città italiane.
Rome and Milan are two Italian cities.
**C'è solo una giacca nella borsa di Anna. Ci sono tre giacche nella
borsa di Anna.**
There is only one jacket in Anna's bag. There are three jackets in
Anna's bag.
Questa è la lezione quattro.
This is lesson four.
Quante lingue parli? Parlo due lingue: l'inglese e un po' d'italiano.
How many languages do you speak? I speak two languages: English
and a bit of Italian.
**Anna sa parlare cinque lingue: l'inglese, il tedesco, lo spagnolo, il
russo e naturalmente l'italiano.**
Anna can speak five languages: English, German, Spanish, Russian
and, of course, Italian.
Ci sono sette giorni in una settimana.
There are seven days in a week.
Ci sono dodici mesi in un anno.
There are twelve months in a year.

IL VOCABOLARIO

invito: invitation
invitare: to invite
teatro: theater

pizzeria: pizza house
ristorante: restaurant
concerto: concert
ufficio: office
città (pl.città): city, town
commedia musicale: musical
novella: short story
romanzo: novel

moglie: wife
marito: husband
bambino: child
collega: colleague
ospite straniero: foreign guest

conoscere: to know
sapere: to know, to know how, can
divertirsi: to enjoy oneself
riposarsi: to have a rest
mettere a letto: to put to bed
preparare la colazione/il pranzo/la cena: to make
breakfast/lunch/dinner
essere un po' stanco: to be a bit tired
tirare su: to cheer up, to pull up
organizzare: to organize
pensare: to think
telefonare: to telephone
leggere: to read
scrivere: to write
vivere: to live
vedere: to see

vacanza: vacation
vado al mare: I go to the seaside
vado in montagna: I go to the mountain
vado alla spiaggia: to the beach
vado in campagna: to the country

ieri: yesterday
oggi: today
domani: tomorrow
mese: month
anno: year

un'ora: an hour
mezzora/mezz'ora: half an hour
questa settimana: this week
una brutta settimana: a terrible week
questo fine settimana: this weekend
mattina/mattinata: morning
sera/serata: evening
giorno/giornata: day
tutto il giorno/tutta la giornata: all day long
lunedì, martedì, mercoledì, giovedì, venerdì, sabato, domenica:
Monday, Tuesday, Wednesday, Thursday, Friday, Saturday, Sunday

Note: In Italy Monday is considered as the first day of the week. All
the days of the week are masculine, except **domenica** (Sunday),
which is feminine. So:

il/un lunedì, il/un sabato, etc., but **la/una domenica**

All the days of the week remain the same in the plural except
Saturday and Sunday, so you have:
i lunedì (on Mondays) but **i sabati** (on Saturdays) and **le domeniche**
(on Sundays). In Italian, days of the week and months of the year are
normally written with a small initial letter.

bello: nice, beautiful
brutto: ugly, terrible
stanco: tired
intelligente: smart, bright, clever
simpatico: nice, pleasant
quel/quello: that
questo: this
distrutto: worn out, destroyed
Pronto?: Hello? (on the phone only)
volentieri: with pleasure, willingly, gladly
sempre: always
qualche volta: sometimes
spesso: often
mai: never, not....ever
con: with
su: up, on
poi: then
per: for
un po': a bit

ESERCIZI

1. COMPLETE THE FOLLOWING SENTENCES BY SUPPLYING THE APPROPRIATE FORM OF THE PREPOSITION GIVEN IN PARENTHESES:

1. Ritorniamo ___ montagna. (*da*)

2. Ecco i quaderni ___ studenti. (*di*)

3. I vestiti sono ___ valigia. (*in*)

4. I libri sono ___ tavolo. (*su*)

5. Mando ___ cartoline da Roma. (*di*)

6. Andiamo ___ mare e stiamo ___ spiaggia. (*a - su*)

7. Vediamo tante belle cose ___ negozi. (*in*)

8. Marco va in pizzeria con ___ colleghi. (*di*)

9. Scrivo ___ lettere. (*di*)

10. Leggiamo ___ bei libri. (*di*)

11. In estate andiamo tutti i giorni ___ spiaggia. (*a*)

12. Lunedì arrivano ___ ospiti stranieri. (*di*)

13. Anna va ___ aereoporto in taxi. (*a*)

14. Il passaporto è ___ borsa. (*in*)

15. Gli amici arrivano ___ stazione ___ 18,30. (*a - a*)

16. ___ casa di Anna ___ stazione il taxi ci mette mezz'ora. (*da - a*)

2. CHANGE THE FOLLOWING EXPRESSIONS INTO THE PLURAL:

Ex: Una bella serata con gli amici   **Delle belle serate con gli amici**
    C'è una giacca bianca nella   **Ci sono delle giacche bianche**
    borsa   **nelle borse**
    Quel libro interessante   **Quei libri interessanti**

1. Quel bel fine settimana

2. C'è un libro sul tavolo

3. C'è un biglietto d'aereo nella valigia

4. Quel simpatico amico di Marco

5. Una lezione interessante

6. Quello studente intelligente

7. Una bella giornata di vacanza

8. C'è una bella commedia musicale a teatro

9. Quella lunga lettera

10. C'è un bel vestito rosso sulla sedia

11. Un bel viaggio in aereo

12. Una bella ragazza straniera

3. NOW PUT THE FOLLOWING PHRASES INTO THE SINGULAR:

1. Quelle belle amiche di Anna

2. Gli studenti hanno dei libri interessanti

3. Ci sono delle camicie bianche nelle valigie di Anna

4. Mettiamo quei pacchi sui tavoli

5. Quelle lezioni non sono molto interessanti

6. Dei simpatici amici di Marco

7. Scriviamo delle lunghe lettere

8. Abbiamo delle brutte settimane di lavoro

9. Quelle belle domeniche al mare

10. Siamo stanchi per quei lunghi lunedì di lavoro

L'ORARIO D'UFFICIO
THE OFFICE HOURS

Il capo	**Salve, Beppe, sei puntuale! Abbiamo molto da fare oggi: molte lettere da scrivere e da spedire.** Hello, Beppe, you are on time! We have a lot to do today - many letters to write and to send.
Beppe	**Lo so. Per questo sono arrivato in anticipo. Sono qui dalle otto meno un quarto.** I know. That's why I came early. I have been here since a quarter to 8.
Il capo	**Quante lettere sono pronte da spedire?** How many letters are ready to be sent?
Beppe	**Venti sono già pronte. Ma devo ancora scriverne centoquindici al computer.** Twenty are ready. But I still have to write 115(*of them*) on the computer.
Il capo	**Santo cielo, centoquindici! Ce la fai a scriverle tutte stamattina?** My goodness, 115! Can you manage to write all of them this morning?

Beppe	Certo, con questo computer faccio presto a completare il lavoro! E appena finisco possiamo mandare le lettere via fax. Non si preoccupi, le spedisco per le dodici e mezza. Certamente prima dell'intervallo per il pranzo.
	Of course. With this computer I can get through the job quickly! And as soon as I finish we can send the letters by fax. Don't worry, I will send them by half past twelve. Certainly before the lunch break.
Il capo	Molto bene, puoi cominciare allora! Hai la lista dei clienti?
	Very well, you can start then! Do you have the list of clients?
Beppe	Sì, ho tutto: la lista e il numero di fax.
	Yes, I have everything. The list and their fax numbers.
Il capo	Puoi per piacere contattare anche la mia segretaria? Sono già le nove meno un quarto e non è ancora arrivata. E sa che oggi è una giornata piena!
	Could you please also contact my secretary? It is already a quarter to nine and she hasn't arrived yet. And she knows that today is a busy day!
Beppe	Forse aspetta ancora l'autobus.
	Perhaps she is still waiting for the bus.
Il capo	Ricordale comunque l'orario d'ufficio: dalle otto e trenta alle diciassette e trenta. E deve ancora scrivere e distribuire a tutti l'ordine del giorno per la riunione di questo pomeriggio!
	Remind her of the office hours anyway: from 8.30 to 17.30. And she still has to write and distribute the agenda to everyone for this afternoon's meeting!

1. LEGGI E RIPETI

sono in anticipo (sohno een anteecheepo)
sei puntuale (se-ee poontuaale)
è in ritardo (e een reetaardo)
santo cielo! (Saanto chee-aylo)
ce la fai? (che la fa-ee)
otto meno un quarto (ohtto mayno oon quaarto)
dodici e mezza (dohdeechee e maytza)
stamattina (stamatteena)
stasera (stasayra)
questo pomeriggio (quaysto pomereejjo)

non si preoccupi! (non see preohccupee)
non ti preoccupare! (non tee preoccupaare)
la lista dei clienti (la leesta de-ee clee-ayntee)
l'orario d'ufficio (loraareeo doofeechio)
il numero di fax (eel noomero dee fax)
l'intervallo per il pranzo (leentervaallo per eel praantzo)
l'ordine del giorno (lohrdeene del johrno)
una giornata piena (oona jornaata peeayna)
una giornata calma (oona jornaata caalma)

2. DOMANDE E RISPOSTE

Quante lettere sono pronte da spedire? How many letters are ready to be sent?	**Venti lettere sono già pronte.** 20 letters are ready.
Quante lettere devi scrivere ancora? How many letters do you still have to write?	**Devo scriverne centoquindici.** I have to write 115 (of them).
Hai la lista dei clienti? Do you have the list of clients?	**Sì, ce l'ho.** Yes, I have it.
Hai il numero di fax? Do you have the fax number?	**Sì, ce l'ho.** Yes, I have it.
Ce la fai? Can you manage?	**Sì, ce la faccio.** Yes, I can manage.
Posso cominciare? Can I start?	**Sì, comincia! (imperative)** Yes, do start!
Puoi contattare la mia segretaria? Can you contact my secretary?	**Sì, la contatto subito.** Yes, I will contact her right away.
Cosa deve fare? What does she have to do?	**Deve scrivere l'ordine del giorno per la riunione.** She has to write the agenda for the meeting.
Quando finisci di scrivere quelle lettere al computer? When will you finish writing those letters on the computer?	**Finisco per le dodici e mezza.** I will finish by 12.30.

Quando spedisci le lettere?
When will you send the letters?

Le spedisco prima dell'intervallo per il pranzo.
I will send them before the lunch break.

Come mandi le lettere, per posta o via fax?
How are you going to send the letters, by post or by fax?

Le mando via fax.
I will send the letters by fax.

Hai distribuito a tutti l'ordine del giorno?
Have you handed the agenda out to everybody?

No, non l'ho ancora distribuito.
No, I haven't handed it out yet.

Qual è l'orario d'ufficio?
What are the office hours?

Tutti i giorni feriali dalle 8.30 alle 17.30.
Every working day from 8.30 to 5.30 p.m.

Che ore sono?
What time is it?

Sono già le nove meno un quarto.
It is already a quarter to nine.

3. ADESSO RICORDA

COME SI DICE?

Don't worry! (formal/ informal)	**Non si preoccupi!/Non ti preoccupare!**
My goodness!	**Santo cielo!**
Can you manage?	**Ce la fai?** (informal) **Ce la fa ?** (formal)
I can get through this job quickly.	**Faccio presto a completare questo lavoro!**
from 8 a.m. to 5 p.m.	**dalle otto alle diciassette**
lunch break	**intervallo per il pranzo**
I am early.	**Sono in anticipo.**
I am late.	**Sono in ritardo.**
You are on time.	**Sei puntuale/sei in orario.**
this afternoon	**questo pomeriggio**
a busy day	**una giornata piena**
a quiet day	**una giornata calma**
this morning	**stamattina**
this evening	**stasera**
I know	**lo so**
I don't know	**non lo so**

That's why I came early.	Per questo sono venuto in anticipo.
What time is it?	Che ore sono?
to distribute to everyone	distribuire a tutti
I am sending some letters by fax.	Mando delle lettere via fax.

4. GRAMMATICA

HAI NOTATO?

The last category of verbs to be learned are those ending in -ire.
These fall into 2 varieties.

1. Verbs such as **servire** (to serve), **sentire** (to hear), **dormire** (to sleep)
   take the endings -o, -i, -e, -iamo, -ite, -ono

	servire	sentire	dormire
(io)	servo	sento	dormo
(tu)	servi	senti	dormi
(lui/lei)	serve	sente	dorme
(noi)	serviamo	sentiamo	dormiamo
(voi)	servite	sentite	dormite
(loro)	servono	sentono	dormono

2. Verbs such as **finire** (to finish), **capire** (to understand), **preferire** (to
   prefer) take the same endings as **servire**, etc., but also add -isc
   between the stem and the endings, with the exception of the noi
   and voi forms.

	finire	capire	preferire
(io)	finisco	capisco	preferisco
(tu)	finisci	capisci	preferisci
(lui/lei)	finisce	capisce	preferisce
(noi)	finiamo	capiamo	preferiamo
(voi)	finite	capite	preferite
(loro)	finiscono	capiscono	preferiscono

There are also a number of irregular verbs ending in -ire: **uscire** (to
go out), and **venire** (to come). Note how they keep their stem only in
the first and the second person plural:

(io)	esco di casa alle 8	e	vengo in ufficio
(tu)	esci dal cinema alle 21	e	vieni a casa
Anna	esce dall'ufficio	e	viene al ristorante con noi
(noi)	usciamo dal ristorante	e	veniamo al cinema con voi
tu e Anna	uscite dall'ufficio	e	venite in centro con noi
I ragazzi	escono da scuola alle 14,30	e	vengono a casa alle 15

VOLERE, DOVERE, POTERE

Study these sentences from the Lesson 5 dialog:

Vogliamo essere puntuali.
Le voglio presentare un mio studente.
Devo ancora scrivere centodieci lettere.
La segretaria deve ancora scrivere l'ordine del giorno.
Possiamo mandare le lettere via fax.
Puoi contattare la segretaria?

The verbs **volere** (to want), **dovere** (to have to/must), **potere** (may/can/to be able to) are irregular and they are always followed by the infinitive.

(io)	voglio	andare al mare
	devo	partire subito
	posso	uscire con gli amici
(tu)	vuoi	finire il lavoro presto
	devi	prendere il treno
	puoi	restare a casa
Anna	vuole	lavorare a Roma
	deve	andare a Torino per la riunione
	può	prendere l'aereo
(noi)	vogliamo	arrivare in ufficio in orario
	dobbiamo	essere puntuali
	possiamo	prendere la metropolitana
tu e Anna	volete	andare in vacanza
	dovete	tornare a casa
	potete	spedire un fax
Gli studenti	vogliono	leggere dei libri interessanti
	devono	studiare tutto il giorno
	possono	andare alla lezione

CHE ORA È?/CHE ORE SONO?

If you want to ask the time in Italian, you can use either the singular "Che ora è?" or the plural "Che ore sono?". In the reply the singular form of the verb is used with l'una (one o'clock), mezzogiorno (noon/midday) and mezzanotte (midnight), and the plural form of the verb is used for all other times.

è l'una	it's one o'clock
è mezzogiorno	it's noon
è mezzanotte	it's midnight
sono le due	it's two o'clock
sono le dieci	it's ten o'clock

Remember that the 24-hour clock is much used, so you will often come across expressions such as:

sono le tredici it's one p.m. (note how you use the plural form of the verb here, as you are saying *thirteen*, not one)
sono le ventitre it's eleven p.m.

and for other times, note the constructions
sono le dodici meno cinque it's five to twelve.
è l'una meno un quarto it's a quarter to one
è l'una e un quarto it's a quarter past one

sono le quattordici e trenta it's 2.30 p.m.
sono le sedici e quarantacinque it's 4.45 p.m.

E ADESSO CONTIAMO:

25	30	35	40	50	60
venticinque	trenta	trentacinque	quaranta	cinquanta	sessanta

70	80	90	100	200	500
settanta	ottanta	novanta	cento	duecento	cinquecento

1.000	2.000	5.000	10.000	100.000
mille	duemila	cinquemila	diecimila	centomila

500.000	1.000.000	5.000.000
cinquecentomila	un milione	cinque milioni

Note: the plural of mille is mila; and the plural of milione is milioni. But cento doesn't change in the plural.

il capo/il direttore: the boss
l'impiegato: the employee
l'orario d'ufficio: the office hours
mandare/spedire una lettera/un pacco: to send a letter/a parcel
la segretaria: the secretary
essere puntuale : to be on time
essere in ritardo: to be late
essere/arrivare in anticipo: to be/to arrive early
fare presto: to be quick
completare/sbrigare il lavoro presto: to get through the job quickly
distribuire qualcosa a tutti: to distribute/to hand out something to everyone
l'ordine del giorno: the agenda
la lista dei clienti: the list of clients
il numero di fax: the fax number
intervallo per il pranzo: lunch break
pranzo: lunch
mezzogiorno: noon/midday
mezzanotte: midnight
stamattina: this morning
stasera: this evening
questo pomeriggio: this afternoon
mezz'ora/mezzora: half an hour
un quarto d'ora: a quarter of an hour
un'ora: an hour
chiedere l'ora: to ask the time
tre ore: three hours
Che ora è/che ore sono?: what time is it?
una giornata piena: a busy day
una giornata calma: a quiet day
santo cielo!: my goodness!

come: how
da: since
dalle 8,30 alle 17,30: from 8.30 a.m. to 5.30 p.m.
già: already
ancora: still, again
non . . . ancora: not yet
qui/qua: here
lì/là: there

servire: to serve
sentire: to hear

sentire suonare il telefono: to hear the telephone ringing
dormire: to sleep
avere sonno: to feel sleepy
capire: to understand
preferire: to prefer
finire: to finish
partire: to leave
volere: to want
potere: can/to be able to /may
dovere: to have to/ must
uscire: to go out
contare: to count

ESERCIZI

1. WRITE OUT IN FULL THE FOLLOWING TIMES:

6,45 **sette meno un quarto**
7,50 **otto meno dieci**
20,40 **venti e quaranta**

1. L'orario d'ufficio è dalle 8,30

   alle 17,30

2. Ma l'impiegato arriva in ufficio con un quarto d'ora di anticipo,
   alle 7,45

3. lavora al compiuter dalle 8,45

   alle 11,40

4. manda delle lettere via fax dalle 11,45

   alle 12,15

5. L'intervallo per il pranzo è dalle 12,25

   alle 13, 20

6. Di pomeriggio lavora ancora per quattro ore, dalle 13,25

   alle 17, 25

7. Esce dall'ufficio alle 17,30

   e arriva a casa alle 18,15

2. NOW ANSWER THESE QUESTIONS. WRITE THE TIME OR THE NUMBER OF HOURS AND, WHERE REQUIRED, COMPLETE THE VERBS AND SUPPLY THE PREPOSITIONS.

Note: Questions 1 and 2 ask for information about yourself; the remaining questions relate to the previous exercises.

1. A che ora è la lezione di italiano? La lezione di italiano è ____

2. Quante ore studi l'italiano? Studi__ l'italiano per____

3. Quante ore lavora l'impiegato? L'impegato lavor__ per ____

4. Qual è l'orario d'ufficio? L'orario d'ufficio è ____ ____ ____ ____

5. Quando va a pranzo? V__ a pranzo ____ ____ ____

6. Quando esce dall'ufficio? Esc__ dall'ufficio ____ ____

7. A che ora arriva a casa? Arriv__ a casa ____ ____

3. INSERT THE APPROPRIATE FORM OF THE VERB IN PARENTHESES:

1. (Noi) ____ andare al cinema o a teatro. (potere)

2. L'impiegato ____ ancora scrivere cento dieci lettere. (dovere)

3. (Voi) ____ mandare le lettere via fax. (volere)

4. Anna e suoi amici ____ partire in aereo. (preferire)

5. Gli impiegati ____ dall'ufficio alle 18. (uscire)

6. (Io) ____ dei pacchi per l'Italia. (spedire)

7. (Tu) ____ andare in vacanza al mare o in montagna. (potere)

8. Tu e Paul ____ essere puntuali per la lezione di Italiano. (dovere)

9. (Noi)Siamo stanchi, non ____ andare al cinema stasera. (volere)

RIVEDIAMO LE LEZIONI DA 1 A 5
LET'S REVIEW THE LESSONS FROM 1 TO 5

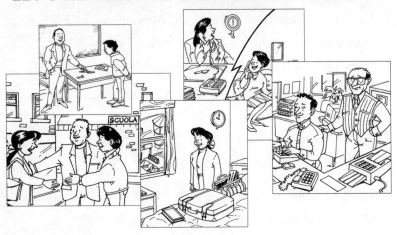

Lezione 1 BUONGIORNO, COMINCIAMO!

Il professor Valli	Ciao Paul!
Paul	Buongiorno, professore! Come sta?
Il professor Valli	Bene grazie. E tu?
Paul	Molto bene, grazie.
Il professor Valli	Hai una penna Paul?
Paul	Sì, professore. Ho una penna. Ecco la penna!
Il professor Valli	Hai anche un quaderno?
Paul	Sì, ho anche un quaderno. Ecco il quaderno!
Il professor Valli	Hai il libro di italiano?
Paul	No, mi dispiace, non ho il libro. Ma ho il quaderno.
Il professor Valli	Va bene! Dov'è il quaderno, Paul?
Paul	Il quaderno è sul tavolo, professore.
Il professor Valli	Cosa c'è lì sul tavolo?
Paul	C'è il quaderno e c'è anche una penna.
Il professor Valli	Bene! Cominciamo la lezione di italiano, allora.

Lezione 2 *LA PRESENTAZIONE: PIACERE DI CONOSCERTI!*

Il professor Valli	Buongiorno, io sono Marco Valli. E Lei come si chiama?
La signorina Alberti	Mi chiamo Anna Alberti, sono italiana. Anche Lei è italiano?
Il professor Valli	No, non sono italiano, sono australiano. Il mio nome è italiano, ma io sono nato in Australia.
La signorina Alberti	Bene! E lavora qui a Milano?
Il professor Valli	Sì, lavoro a Milano. Insegno l'italiano in una scuola. E Lei che cosa fa?
La signorina Alberti	Io sono qui per lavoro. Ho un'agenzia di viaggio a Roma. Organizziamo viaggi, congressi e convegni in Italia e all'estero.
Il professor Valli	È un lavoro interessante! Signorina, Le voglio presentare un mio studente Paul. Paul questa è la signorina Alberti. È italiana e viaggia molto.
Paul	Buongiorno, signorina. Molto piacere di conoscerLa!
La signorina Alberti	Piacere Paul! E tu di dove sei?
Paul	Sono americano e studio l'italiano con il professore Valli.
La signorina Alberti	Bravo! Mi fa piacere conoscerti.

Lezione 3 *ANNA PARTE PER UN VIAGGIO DI LAVORO*

Paul	Anna hai il biglietto d'aereo?
Anna	Sì Paul, ce l'ho. Non preoccuparti, è già nella borsa.
Paul	Sono pronte le valigie?
Anna	Certo, è tutto pronto! Ci sono dei vestiti, delle scarpe, dei pantaloni, delle camicie e anche due giacche nelle valigie. Non ho dimenticato niente!
Paul	Hai anche il passaporto?
Anna	No, non ho un passaporto, ho la carta d'identità.
Paul	Bene! E dove vai? Ritorni a casa a Roma?
Anna	No, non vado a casa. Vado a Torino per una riunione.
Paul	Roma è la capitale e si trova nell'Italia centrale, non è vero? Ma dov'è Torino?

Anna	Sì, Roma è al centro e Torino è nel nord d'Italia.
Paul	Anna, come vai all'aereoporto? Prendi la metropolitana o vai in autobus?
Anna	No, prendo un taxi, è piu` comodo.
Paul	Quanto ci mette il taxi ad arrivare all'aereoporto?
Anna	Ci mette quasi un'ora.
Paul	E quando parti? Oggi?
Anna	No, non parto oggi. Parto domani mattina.
Paul	A che ora?
Anna	Parto presto, parto da qui alle otto. E tu sei molto curioso, non è vero Paul?
Paul	Ma tu torni presto, me lo prometti?
Anna	Certo, tra una settimana. Mi mancherai, Paul!
Paul	Anche tu mi mancherai. Buon viaggio, Anna!
Anna	Arrivederci Paul! Appena arrivo a Torino ti mando tante belle cartoline.

Lezione 4 UN INVITO

Carla Valli	Pronto Laura, come stai? Io sto bene, grazie. Sono solo un po' stanca. Sai com'è, i bambini, la casa, il lavoro.
L'amica al telefono	Ah, capisco! Anch'io ho avuto una brutta settimana. Sono stata in ufficio fino a tardi lunedì, martedì e mercoledì. Ieri abbiamo avuto degli ospiti stranieri tutto il giorno e oggi sono distrutta. Non vedo l'ora di andare a casa!
Carla Valli	Ti telefono proprio per tirarti su. Marco ed io stiamo organizzando una serata a teatro con degli amici. Ci sono Aldo e Beppe, i colleghi di Marco. Tu li conosci. E poi c'è Valeria, una mia amica molto simpatica.
L'amica al telefono	Benissimo, e dove andate?
Carla Valli	Andiamo a vedere una commedia musicale, tratta da una novella di Pirandello, *Liolà*. E poi pensiamo di andare in pizzeria. Vieni con noi?
L'amica al telefono	No, grazie, non ce la faccio! Sono troppo stanca. Vengo con voi la prossima volta.
Carla Valli	Mi dispiace, ma adesso devo lasciarti. Sono già le sei e tra un'ora e mezza andiamo ad incontrare gli amici di Marco in centro. Devo preparare la cena e mettere a letto i bambini per le sette se vogliamo essere puntuali.

L'amica al telefono	Arrivederci allora Carla, e grazie per l'invito. Divertiti e ci vediamo un'altra volta.
Carla Valli	A presto Laura. E cerca di riposarti un po' questo fine settimana!

Lezione 5 L'ORARIO D'UFFICIO

Il capo	Salve Beppe, sei puntuale! Abbiamo molto da fare oggi: molte lettere da scrivere e da spedire.
Beppe	Lo so. Per questo sono arrivato in anticipo. Sono qui dalle otto meno un quarto.
Il capo	Quante lettere sono pronte da spedire?
Beppo	Venti sono già pronte. Ma devo ancora scriverne centoquindici al computer.
Il capo	Santo cielo, centoquindici! Ce la fai a scriverle tutte stamattina?
Beppe	Certo, con questo computer faccio presto a completare il lavoro! E appena finisco possiamo mandare le lettere via fax. Non si preoccupi, le spedisco per le dodici e mezza. Certamente prima dell'intervallo per il pranzo.
Il capo	Molto bene, puoi cominciare allora! Hai la lista dei clienti?
Beppe	Sì, ho tutto la lista e il numero di fax.
Il capo	Puoi, per piacere, contattare anche la mia segretaria? Sono già le nove meno un quarto e non è ancora arrivata. E sa che oggi è una giornata piena!
Beppe	Forse aspetta ancora l'autobus.
Il capo	Ricordale comunque l'orario d'ufficio dalle otto e trenta alle diciassette e trenta. E deve ancora scrivere e distribuire a tutti l'ordine del giorno per la riunione di questo pomeriggio!

After you have read the dialogs and reviewed the grammar points, try the following review test.

1. GROUP THE FOLLOWING NOUNS INTO MASCULINE AND
   FEMININE, AND SEPARATE EACH OF THESE GROUPS INTO
   SINGULAR AND PLURAL. THEN FILL IN THE CORRECT FORM OF
   THE DEFINITE ARTICLE **IL, LA, LO, I, LE, GLI**.
   (Note: autobus is the singular and the plural form)

___ ragazzo	___ camicia	___ professore	___ studente
___ libri	___ penne	___ aereo	___ signorina
___ scarpe	___ scuola	___ bagaglio	___ carta d'identità
___ passaporto	___ biglietti	___ telefono	___ domenica
___ stazione	___ treno	___ agenzia di viaggio	___ scatole
___ pacco	___ convegno	___ parchi	___ metropolitana
___ amici	___ settimana	___ sabati	___ ora
___ cartoline	___ autobus	___ valigia	___ moglie

2. FILL IN THE CORRECT FORM OF THE INDEFINITE ARTICLE **UN,
   UNO, UNA, UN'** AND THEN CHANGE INTO THE PLURAL:

Ex.
una penna **delle penne**
un ragazzo **dei ragazzi**

___ amica	___ passaporto	___ città	___ zio
___ biglietto d'aereo	___ domenica	___ insegnante	___ ora
___ sabato	___ chiave	___ convegno	___ giacca
___ serata	___ lavoro	___ agenzia di viaggio	___ collega

3. COMPLETE THESE SENTENCES WITH THE CORRECT FORM OF THE
   VERB IN PARENTHESES:

1. Io ____ americano, ____ di Boston. (essere - essere)

2. Anna ____ di Milano, ____ italiana. (essere - essere)

3. Paul non ____ il libro di italiano, ma ____ un quaderno e una
   penna. (avere - avere)

4. Noi ____ l'italiano e lo ____ un po'. (studiare - parlare)

5. Cosa c' ____ sul tavolo? Ci ____ dei libri. (essere - essere)

6. Anna ____ in un'agenzia di viaggio. (lavorare)

7. Marco Valli ____ in una scuola. (insegnare)

8. Tu cosa ____ ? Io ____ uno studente. (fare - essere)

9. Come ti ____ ? Mi ____ Paul. (chiamare - chiamare)

10. Di dove ____ ? ____ di Boston. (essere - essere)

11. Anna e i suoi amici ____ un taxi per andare all'aereoporto. Noi invece ____ in metropolitana. (prendere - andare)

12. Roma ____ la capitale d'Italia. (essere)

13. Le amiche di Anna ____ delle cartoline da Roma. (mandare)

14. L'aereo ____ alle 19,30. (partire)

15. Tu e Paul ____ a casa. (andare)

16. Noi ____ le valigie e ____. (fare - partire)

17. Ci ____ delle camicie e delle giacche nella valigia di Anna. (essere)

18. La moglie di Marco ____ a Laura e la ____ a teatro. (telefonare - invitare)

19. Noi ____ tutti in pizzeria. (andare)

20. Laura ____ Beppe e Aldo, i colleghi di Marco. (conoscere)

21. Quei ragazzi ____ gli amici di Paul, ma io no li ____. (essere - conoscere)

22. Che ore ____ ? Non lo ____ . (essere - sapere)

23. La lezione di italiano è di due ore ____ alle 9 e ____ alle 11. (cominciare - finire)

24. Anna ____ andare a Torino per una riunione. (dovere)

25. Carla e Marco Valli ____ essere puntuali. (volere)

26. Tu ____ andare in centro a piedi o in autobus. (potere)

27. Domani mattina io ____ uscire presto. (dovere)

28. Laura ____ riposarsi questo fine settimana. (volere)

29. Noi ____ andare al cinema o a teatro. Tu ____ venire con noi? (potere - volere)

30. Grazie, ma ____ troppo stanco, ____ con voi un'altra volta. (essere - venire)

4. COMPLETE THE FOLLOWING SENTENCES USING THE CORRECT FORM OF THE APPROPRIATE ADJECTIVE:

1. Tokio è una città ____. (Giappone)

2. Laura è di Roma, è una ragazza ____. (Italia)

3. Jean Paul è di Parigi, è un ragazzo ____. (Francia)

4. Pilar è di Madrid, è una ragazza ____. (Spagna)

5. Carlo e Marco sono di Napoli, sono dei ragazzi ____. (Italia)

6. Conosciamo delle ragazze di Londra, sono ____. (Inghilterra)

7. Ho un'amica a Boston, è ____. (America)

8. Ho dei ____ libri di italiano. (bello)

9. Metti ____ pacchi e ____ lettere sul tavolo. (quello - quello)

10. Mando una ____ cartolina da Roma. (bello)

11. Invito ____ studenti al bar. (quello)

12. Ascolto un ____ concerto alla radio. (bello)

13. Andiamo a vedere ____ ____ commedia musicale al Teatro Manzoni a Milano. (quello - bello)

5. SUPPLY THE CORRECT PREPOSITION IN EACH OF THE FOLLOWING SENTENCES:

1. Anna è ____ Milano, ma abita ____ Boston, ____ America.

2. Andiamo ____ aereoporto, ____ taxi.

3. Usciamo con gli amici, andiamo ____ teatro e poi ____ pizzeria.

4. Anna manda ____ belle cartoline ____ Roma.

5. Ci sono ____ vestiti e ____ scarpe ____ valigia di Anna.

6. Ci incontriamo ____ centro ____ mezzogiorno.

7. La lezione comincia ____ 9 e finisce ____ 11.

8. La lezione di italiano è di due ore ____ 9 ____ 11.

9. Vieni ____ teatro ____ noi? Grazie ____ l'invito, ma sono troppo stanca.

10. Partiamo ____ stazione di Roma ____ 10 e arriviamo ____ Milano ____ 14,30: il treno ci mette quattro ore e mezza per andare ____ Roma ____ Milano.

11. Ci sono ____ libri e ____ penne ____ tavolo.

12. L'orario d'ufficio è di otto ore: ____ 8,30 ____ 17,30 con un'ora di intervallo ____ il pranzo.

6. WRITE TWO SHORT NOTES :

1. Invite a friend to come to the theater/the movies/a restaurant with you.

2. Reply to a friend who has invited you to the theater/movies/a restaurant.

AL BAR

IN THE BAR

La domenica mattina a Roma. Sono le dieci: Anna e il suo amico
Giulio sono seduti all'aperto, in un bar di Piazza di Spagna. Fanno
colazione.

Sunday morning in Rome. It's ten o'clock: Anna and her friend
Giulio are sitting outside, in a bar at the Piazza di Spagna. They are
having breakfast.

Il cameriere	**Buongiorno. Desiderate qualcosa?** Good morning. Would you like anything?
Giulio	**Sì, grazie. Mi porta un cappuccino e un cornetto per piacere?** Yes, please. Can you bring me a cappuccino and a croissant, please?
Il cameriere	**Certamente! E la signorina cosa prende?** Of course! And what will you have, Madam?
Anna	**Prendo un tè al limone e un dolce. Che tipo di dolci avete?** I will have a tea with lemon and a cake. What kind of cakes do you have?

Il cameriere	**Abbiamo una buona torta di mele oppure delle paste con fragole e panna.** We have a good apple cake or some small cakes with strawberries and cream.
Anna	**Beh! Preferisco la torta di mele. Mi porta una fetta di torta per piacere.** Well! I would prefer the apple cake. Could you bring me a slice of cake, please?
Il cameriere	**Nient'altro?** Nothing else?
Giulio	**Niente, grazie. Anna, usciamo insieme questo pomeriggio?** Nothing, thanks. Anna, shall we go out together this afternoon?
Anna	**Mi dispiace, ma ho molto da fare. Domani ho un appuntamento con dei clienti importanti e devo preparare il programma per un loro convegno.** I am sorry, but I have a lot to do. Tomorrow I have an appointment with some important clients and I have to prepare the program for their conference.
Giulio	**Che peccato! Volevo portarti un pò in giro per Roma. Ma possiamo vederci lo stesso sul tardi e cenare insieme. Che ne pensi?** What a pity! I wanted to show you around Rome. But we can meet all the same later on and have dinner together. What do you think?
Anna	**È un'idea splendida! Così mi rilasso un pò almeno la domenica!** It's a wonderful idea! At least I can relax a bit on Sunday!
Giulio	**A che ora ci vediamo allora?** What time shall we meet then?
Anna	**Vieni a prendermi a casa stasera alle 7. Sarò pronta.** Come and pick me up at my place tonight at seven. I shall be ready.
Giulio	**Bene! Oh, ecco il cameriere con le nostre ordinazioni. Il tè è per la signorina e il cappuccino per me, grazie. Mi porta anche il conto?** Good! Oh, here is the waiter with our orders. The tea is for the lady and the cappuccino for me, thanks. Can you also bring me the check?

Il cameriere	Ecco il conto! Vuole pagare adesso?
	Here is the check! Do you want to pay now?
Giulio	Sì, grazie. Quant'è?
	Yes, please. How much is it?
Il cameriere	Sono undicimila e cinquecento lire.
	It's 11.500 lire.
Giulio	Ecco a Lei, dodicimila. Tenga pure il resto!
	Here you are, 12.000. Keep the change!

1. LEGGI E RIPETI

fare colazione (faare colatzeeohne)

Mi porta un cappuccino e un cornetto, per piacere? (Mee pohrta oon cappoocheeno, e oon cornaytto, per peeachayre?)

Desidera? (formal singular) (Deseedera?)

Desiderate? (plural) (Deseederaate?)

Cosa prende? (formal) (Cohsa praynde?)

Cosa prendi? (informal) (Cohsa prayndee?)

Prendo un caffè nero/macchiato/ristretto/lungo (Prayndo oon caffe nayro/macceeaato/reestraytto/loongo)

Prendo un tè al limone/al latte (Prayndo oon te al leemohne/al laatte)

Prendo un dolce/una fetta di torta (Prayndo oon dohlche/oona faytta dee tohrta)

nient'altro (nyaynt aaltro)

Ho molto da fare. (O mohlto da faare)

Ho un appuntamento importante. (O oon appoontamaynto eempohrtaante)

Devo vedere dei clienti importanti. (Dayvo vedayre day-ee clee-ayntee eempohrtaantee)

Devo preparare un programma. (Dayvo preparaare oon programma)

Peccato! Che peccato! (Peccaato! Ce Peccaato!)

Voglio portarti in giro. (Vohlyo portaarti in geero)

A che ora ci vediamo? (A ce ohra chee vedeeaamo)

Possiamo vederci sul tardi. (Possiaamo vedayrchee sool taardee)

Possiamo cenare insieme. (Possiaamo cenaare eenseeayme)

Che ne pensi? (Ce ne paynsee?)

È un'idea splendida! (e oona eedaya splayndeeda!)

Mi rilasso un pò. (Mee reelaasso oon po)

le nostre ordinazioni (lay nohstre ordeenatzeeohnee)

Mi porta il conto? (Mee pohrta eel cohnto?)

Pago adesso. (Paago adaysso)
dodicimila lire (dohdeechee-meelaa leere)
Tenga il resto. (Taynga eel raysto)

2. DOMANDE E RISPOSTE

Desidera qualcosa? (formal)
Would you like something?

**Sì, mi porta un cappuccino
per favore?**
Yes please, can you bring me a
cappuccino?

Cosa prendi a colazione? (inf.)
What do you have for breakfast?

**Prendo un caffè e latte e dei
biscotti.**
I have a coffee with milk and
some biscuits.

Prendi qualcosa ? (inf.)
Would you like something?

Sì grazie, prendo un espresso.
Yes please, I will have a strong
black coffee.

Con zucchero o senza?
With or without sugar?

Senza zucchero, grazie.
Without sugar, thanks.

**Preferisci una birra o un
bicchiere di vino bianco?** (inf.)
Would you prefer a beer or a
glass of white wine?

**Preferisco un bicchiere di
vino bianco freddo, con ghiaccio.
Grazie.** I would prefer a cold
white wine, with ice, thanks.

Nient'altro?/Altro?
Nothing else?

Niente, grazie.
Nothing, thanks.

Che tipo di torta preferisce?
What kind of cake would you
prefer?

Preferisco quella alle mele.
I would prefer that one with
apples.

È impegnata stasera, signorina?
Are you busy this evening?

Sì, mi dispiace, sono impegnata.
Yes, I'm sorry, I am busy.

Sei impegnata oggi, Anna?
Are you busy today, Anna?

No, oggi sono libera.
No, today I am free.

Cosa devi fare oggi? (inf.)
What do you have to do today?

**Devo vedere dei clienti.
Devo preparare un programma/
un progetto.**
I have to see some clients.
I have to prepare a program/
a plan.

Vuoi venire a cena con me?
Would you like to come and
have dinner with me?

Sì, grazie, vengo volentieri.
Yes, with pleasure.

A che ora ci vediamo?
What time shall we meet?

**Vieni a prendermi a casa
stasera dopo le sette.**
Come and pick me up tonight
after seven.

Mi porta il conto?
Can you bring me the check?

Sì, ecco a Lei.
Yes, here you are!

Quant'è?
How much is it?

Sono ventimila.
It is twenty thousand lire.

3. ADESSO RICORDA . . .

COME SI DICE?

Can you bring me a coffee/a tea/
a beer?

**Mi porta un caffè/un tè/una
birra?**

I will have a slice of cake.

Prendo una fetta di torta.

Nothing else, thank you.

Nient'altro, grazie.

I have a lot to do.

Ho molto da fare.

I have an appointment.

Ho un appuntamento.

What a pity!

Che peccato!

I want to show you around.

Voglio portarti in giro.

What do you think?

**Che ne pensa? (formal)
Che ne pensi? (informal)**

I want to relax a bit.

Voglio rilassarmi un pò.

What time shall we meet?

A che ora ci vediamo?

Come and pick me up later.

Vieni a prendermi più tardi.

Can I have the check?

Mi porta il conto?

I want to pay now.

Voglio pagare adesso.

Keep the change.

Tenga il resto.

4. GRAMMATICA

HAI NOTATO?

> Valeria è una **mia** amica molto simpatica.
> La **mia** segretaria è in ritardo.
> Anna e il **suo** amico Giulio sono seduti al bar.
> Devo vedere dei clienti e devo preparare il programma per un **loro** convegno.
> Ecco il cameriere con le **nostre** ordinazioni!

These are all examples of *possessive adjectives*. In English possessive adjectives agree with the possessor:

Marco Valli and *his* wife Carla
Carla Valli and *her* husband Marco

But in Italian they agree with the noun to which they refer:

Marco Valli e *sua moglie Carla*
Carla Valli e *suo marito Marco*

Possessive adjectives are usually preceded by the definite article:

Paul ha *la sua valigia*
Paul has his suitcase

Anna ha *il suo bagaglio a mano*
Anna has her hand luggage

However, when the noun refers to a close relative (husband, wife, brother, sister, mother and father, cousin, uncle, aunt), the article in front of the possessive is omitted.

mio padre	my father
tua madre	my mother
mio figlio	my son
tua figlia	your daughter
sua sorella	his sister

However the article must be used:

(1) if these nouns are in the plural: **i miei fratelli, le mie sorelle, i miei figli**

(2) with **loro** both in the singular and in the plural: **il loro figlio, le loro sorelle**

(3) if the singular noun is accompanied by an adjective: **la sua bella moglie, il suo bravo figlio**

Study the table of possessive adjectives and pronouns in the box below. Note that the possessives agree in number and gender with the nouns to which they refer.

	Adjectives	*Pronouns*
Io ho un libro	Questo è **il mio libro**	Questo libro è **mio**
Io ho una borsa	Questa è **la mia borsa**	Questa borsa è **mia**
Io ho dei libri	Questi sono **i miei libri**	Questi libri sono **miei**
Io ho delle borse	Queste sono **le mie borse**	Queste borse sono **mie**
Tu hai un pacco	Questo è **il tuo pacco**	Questo pacco è **tuo**
Tu hai una penna	Questa è **la tua penna**	Questa penna è **tua**
Tu hai dei pacchi	Questi sono **i tuoi pacchi**	Questi pacchi sono **tuoi**
Tu hai delle penne	Queste sono **le tue penne**	Queste penne sono **tue**
Giulio ha un dolce	Questo è **il suo dolce**	Questo dolce è **suo**
Giulio ha una torta	Questa è **la sua torta**	Questa torta è **sua**
Giulio ha dei dolci	Questi sono **i suoi dolci**	Questi dolci sono **suoi**
Giulio ha delle torte	Queste sono **le sue torte**	Queste torte sono **sue**
Noi prendiamo un caffè	Questo è **il nostro caffè**	Questo caffè è **nostro**
Noi prendiamo una pasta	Questa è **la nostra pasta**	Questa pasta è **nostra**
Noi prendiamo dei caffè	Questi sono **i nostri caffè**	Questi caffè sono **nostri**
Noi prendiamo delle paste	Queste sono **le nostre paste**	Queste paste sono **nostre**
Voi prendete del vino	Questo è **il vostro vino**	Questo vino è **vostro**
Voi prendete della birra	Questa è **la vostra birra**	Questa birra è **vostra**
Voi comprete dei vini	Questi sono **i vostri vini**	Questi vini sono **vostri**
Voi comprate delle birre	Queste sono **le vostre birre**	Queste birre sono **vostre**
Loro hanno un figlio	Questo è **il loro figlio**	Questo figlio è **loro**
Loro hanno una figlia	Questa è **la loro figlia**	Questa figlia è **loro**
Loro hanno dei figli	Questi sono **i loro figli**	Questi figli sono **loro**
Loro hanno delle figlie	Queste sono **le loro figlie**	Queste figlie sono **loro**

As you may have noticed, possessive adjectives and pronouns are the same in Italian, and **loro** is both a personal pronoun and a possessive:

Loro amano **i loro figli**
They love their children

Unlike English possessive pronouns are preceded by the definite article, except after the verb **essere** (to be), when the article may be omitted. Compare the sentences:

Questo è il mio caffè e quello è **tuo** (or è **il tuo**).
This is my coffee and that is yours.

Noi compriamo i nostri dolci e voi **comprate i vostri.**
We buy our cakes and you buy yours.

MOLTO - POCO - TROPPO

When **molto, poco,** and **troppo** are used as adverbs they are invariable, always ending in -o.

(1) With an adjective they have the meaning of "very," "too," "not so":

Valeria è una mia amica *molto* simpatica.
Valeria is a *very* nice friend of mine.

Sono *troppo* stanca.
I am *too* tired.

È *poco* simpatico.
It is *not so* nice.

(2) With verbs they mean "a lot" "too/ too much" "too little/not much":

Anna viaggia *molto* e ha sempre *troppo* da fare.
Anna travels *a lot* and she has *too much* to do.

Lavorano *troppo*.
They work *too* hard.

C'è *poco* da fare.
There is *not much* we can do.

When **molto, poco,** and **troppo** are used as adjectives, they agree with the noun which they qualify. In these case **molto** means "much" or "many", **poco** "little" or "few," **troppo** "too much" or "too many".

C'è poco vino.
There is little wine.

Non c'è molto tempo.
There isn't much time.

Ci sono molti vini buoni in Italia.
There are many good wines in Italy.

Beviamo troppo caffè.
We drink too much coffee.

Giulio beve troppe tazze di caffe.
Giulio drinks too many cups of coffee.

Ci sono rimaste solo poche fette di dolce.
There are only a few slices of cake left.

IL VOCABOLARIO

Desidera?: What would you like?
desidero/desidererei: I would like
desiderare: to want, to wish
sedersi all'aperto: to sit outside
portare in giro: to take/to show around
portare: to take, to bring, to carry
prendere: to have, to get, to fetch, to pick up, to take
preparare: to prepare, to get ready
vedersi: to see, to meet (each other)
cenare/fare cena: to have supper
pranzare/fare pranzo: to have lunch/dinner
fare colazione: to have breakfast
preparare/fare il pranzo/la cena: to cook/make lunch/dinner
preparare la colazione: to get breakfast ready
servire la colazione/il pranzo/la cena: to serve
   breakfast/dinner/supper
mangiare: to eat
bere: to drink
pagare: to pay
rilassarsi: to relax
tenere: to keep
comprare: to buy
pensare: to think

piazza: square
via, viale: street, road
autostrada: freeway
albergo: hotel
pensione: boarding house/guest house
cameriere: waiter
torta: cake
pasta (pl: paste): small cake
la pasta/la pastasciutta (no plural): pasta
espresso/caffè nero/caffè ristretto: strong black coffee
caffè macchiato: coffee with a few drops of milk
nero: black
tè: tea

latte: milk
limone: lemon
mela: apple
fragola: strawberry
panna: cream
ghiaccio: ice
tipo di dolce: kind of cake
dolci: sweet things, dessert
cornetto: croissant
fetta: slice
pezzo: piece
zucchero: sugar
con/senza zucchero: with/without sugar
amaro: bitter, unsweetened
tazza: cup
casa: house
cliente: client, customer
cognome: surname
impegnato: busy, engaged (on the phone: the line is busy/engaged:
   la linea è occupata)
impegno: engagement, appointment, commitment
libero: free
solo, soltanto (adv.): only
programma: program, plan
ordinazione: order
appuntamento: appointment, date
pomeriggio: afternoon
tempo: time, weather
splendida idea!: wonderful idea!
il resto: the change
il conto: the check, the bill

per piacere, per favore: please
oppure: or
molto: a lot of, very, much/many
poco: little/ few, not much/not many
un po': a little
troppo: too, too much/too many
tanto: so, so much, so many a lot of
niente, nient'altro: nothing, nothing else
nient'altro?: is that all? anything else?
sul tardi: later in the day/in the evening
più tardi: later on

genitori: parents
parenti: relatives
padre: father
madre: mother
fratello: brother
sorella: sister
marito: husband
moglie (plural: **mogli**): wife
figlio: son
figlia: daughter
zio: uncle
zia: aunt
cugino (male): cousin
cugina(female): cousin
il nipote: nephew/grandson
la nipote: niece/granddaughter
cognato: brother-in-law
cognata: sister-in-law
suocero: father-in-law
suocera: mother-in-law
nuora: daughter-in-law
genero: son-in-law
papà: daddy
mamma: mummy
nonno: grandpa
nonna: grandma

ESERCIZI

1. FOLLOWING THE EXAMPLES GIVEN BELOW, FILL IN THE BLANKS USING THE APPROPRIATE FORMS OF THE POSSESSIVE ADJECTIVES AND PRONOUNS.

Example:

Questa è la penna di Paul   Questa è **la sua penna**   Questa penna è **sua**
Questo è il libro di Anna   Questo è **il suo libro**   Questo libro è **suo**

1. Questa è la casa di Marco Valli. Questa è ____. Questa casa è ____.

2. Questo è il biglietto della signorina Alberti. Questo è ____ . Questo biglietto è ____.

3. Questa è la figlia di Carla e Marco Valli. Questa è ____. Questa figlia è ____.

4. Giulio è l'amico di Anna. È ____.

5. Questo è il quaderno degli studenti. Questo è ____. Questo quaderno è ____.

6. Questa è la macchina di Beppe. Questa è ____. Questa macchina è ____.

7. Metto i biglietti tuoi e quelli di Anna nella borsa. Questi sono ____.

8. Io e mio fratello ci chiamiamo Carpenter. Questo è ____ cognome

9. Questi sono gli amici di Marco Valli. Sono ____.

10. Queste sono le amiche di Carla. Sono ____.

11. Questi sono i vestiti di Anna. Sono ____. Questi vestiti sono ____.

12. Questi sono gli amici di Marco e Carla Valli. Sono ____.

13. Queste sono le borse delle ragazze. Sono ____. Queste borse sono ____.

14. Queste sono le valigie di Paul. Sono ____. Queste valigie sono ____.

15. Carla è la moglie di Marco. È ____.

16. Marco è il marito di Carla, è ____.

17. Giulio è amico di Anna, è un ____.

18. Anna è amica di Giulio, è una ____.

19. Anna prende una fetta di torta e mangia ____.

20. Giorgio prende un cappuccino e beve ____.

2. *NOW ANSWER THESE QUESTIONS ABOUT YOURSELF, AGAIN USING THE APPROPRIATE FORMS OF THE POSSESSIVE ADJECTIVES AND PRONOUNS:*

1. Come si chiamano i tuoi genitori?
____ padre si chiama ____
____ madre si chiama ____

2. Sei sposato?/Sei sposata?
Sì, ____ moglie/____ marito si chiama ____

3. Hai figli?

Sì, ____ figlio/____ figlia si chiama ____

Sì, ____ figli si chiamano ____

4. Hai fratelli o sorelle?

Sì ho delle sorelle. ____ sorelle si chiamano ____

Sì, ho dei fratelli. ____ fratelli si chiamano ____

5. Hai dei cugini? Sì, ho dei cugini. ____ cugini si chiamano ____

6. Hai dei nipoti? Sì, ho dei nipoti. ____ nipoti si chiamano ____

7. Dove abita?

____ casa è a ____

3. **FILL IN THE BLANKS USING THE CORRECT FORM OF MOLTO, POCO, OR TROPPO.**

1. Noi abbiamo ____ da studiare. (*too little*)

2. Tu mangi ____ a colazione. (*too much*)

3. Gli italiani mangiano ____ a colazione. (*too little*)

4. Noi leggiamo ____ (*too much*), ma voi leggete ____. (*too little*)

5. Ho ____ lavoro da fare. (*a lot*)

6. Anna ha solo ____ amici a Boston. (*few*)

7. Abbiamo ____ esercizi da fare. (*many*)

8. Stasera ho bevuto ____ vino. (*a lot of*)

9. Ci sono ____ fette di pane sul tavolo. (*many*)

10. Ho bevuto solo ____ tazze di tè oggi. (*few*)

11. Anna ha mandato ____ cartoline a Paul. (*many*)

12. Abbiamo comprato ____ biglietti della metropolitana. (*many*)

13. Prendo ____ latte nel caffè. (*little*)

UNA PRENOTAZIONE
A RESERVATION

Marco Valli è a Firenze. Deve frequentare un corso per insegnanti di italiano e ha prenotato una stanza all'Albergo Centrale per una settimana. Appena arrivato si rivolge al portiere dell'albergo.
Marco Valli is also in Florence. He has to attend a course for teachers of Italian and he has booked a room at the Hotel Centrale for a week. As soon as he arrives, he speaks to the hotel receptionist.

Il portiere	**Buongiorno, mi dica?** Good morning. Can I help you?
Marco Valli	**Buongiorno. Ho una prenotazione a partire da oggi.** Good morning. I have a reservation starting from today.
Il portiere	**Che nome, prego?** What name is it, please?
Marco Valli	**Valli, Marco Valli.** Valli, Marco Valli.

Il portiere	**Attenda un momento . . . mi faccia controllare . . . No, non trovo nessun signor Valli prenotato qui.** Wait a second . . . let me check . . . No, I cannot find any Mr. Valli booked here.
Marco Valli	**Come mai? Ho mandato un fax da Milano per prenotare la stanza e voi mi avete confermato la prenotazione.** How come? I sent a fax from Milan to book the room and you confirmed the reservation.
Il portiere	**Quando ha prenotato?** When did you book?
Marco Valli	**Circa un mese fa.** About a month ago.
Il portiere	**Ah sì, ecco ho trovato! Una prenotazione per una singola con bagno per una settimana.** Oh yes, here it is! A reservation for a single room with bath for a week.
Marco Valli	**Bene, meno male!** Oh, that is good!
Il Portiere	**Ecco, è la stanza 407 al quarto piano. Questa è la sua chiave.** It's room 407 on the fourth floor. This is your key.
Marco Valli	**Grazie. Dov'è l'ascensore?** Thanks. Where is the elevator?
Il portiere	**È a destra. Mi lascia anche un documento per piacere?** It's on the right. Could you give me an identity document, please?
Marco Valli	**Certamente, ecco il passaporto! Mi può dire a che ora è la colazione?** Certainly, here is my passport! Could you tell me when breakfast is served?
Il portiere	**La colazione è servita dalle 7 alle 9,30 nella sala da pranzo al primo piano.** Breakfast is served from 7 to 9.30 in the dining room on the first floor.
Marco Valli	**E senta. Posso avere la sveglia domani mattina?** And listen. Would you wake me up tomorrow morning?

Il portiere	**Certo. A che ora?** Of course. What time?
Marco Valli	**Alle sette e mezza.** At 7.30.
Il portiere *(scrivendo)* (writing)	**Alle sette e mezza, stanza 407.** At 7.30, room 407.
Marco Valli	**Perfetto! Grazie e arrivederci!** Perfect! Thanks and goodbye!
Il portiere	**Prego. ArrivederLa!** You're welcome. Goodbye!

1. LEGGI E RIPETI

Frequento un corso. (Frecwaynto oon cohrso)

Ho una prenotazione. (O oona praynotatzeeone)

una stanza con bagno (oona staantza con baanyo)

una stanza singola/doppia (oona staantza seengola/dohppeea)

una prenotazione a partire da oggi (oona prenotatzeeohne a parteere daa ohjji)

Ho prenotato circa un mese fa/venti giorni fa/una settimana fa. (O prenotaato cheerca oon mayse faa/vayntee johrni faa/oona setteemaana faa)

Non c'è nessun signor Valli prenotato qui. (Non che nayssoon seenyor Valli prenotaato cwi)

Non trovo il suo nome sulla lista, non lo trovo. (Non trohvo eel soo-o nohme soolla leesta, non lo trohvo)

Non c'è nessuna signora Valli prenotata qui. (Non che nayssoona seenyohra Valli prenotaata cwi)

I signori Valli e i signori Rossi non sono prenotati qui. (Ee seenyohree Valli e ee seenyohree Rossi non sohno prenotaatee cwi)

Non trovo i loro nomi sulla lista, non li trovo. (Non trohvo ee lohro nohmee soolla leesta, non lee trohvo)

Ho trovato la prenotazione. (O trovaato la prenotatzeeohne)

La stanza è al quarto piano. (La staantza e al cwaarto peeaano)

L'ascensore è a destra. (Lashensohre e a daystra)

La sala da pranzo è a sinistra. (La saala da praantzo e a seeneestra)

La colazione è servita nella sala da pranzo al primo piano. (La colatzeeohne e serveeta naylla saala da praantzo al preemo peeaano)

Posso avere la sveglia domani mattina alle sette? (Pohsso avayre la svaylya dohmani matteena aalle saytte)

Senta! (Saynta!)
Dica! (Deeca!)
Meno male! (Mayno maale!)
Come mai? (Cohme maaee?)
Perfetto! (Perfaytto!)

2. DOMANDE E RISPOSTE

Ha la prenotazione?
Do you have a reservation?

Sì, ce l'ho.
Yes, I have.

Quando ha prenotato?
When did you book?

Ho prenotato circa un mese fa.
I booked about a month ago.

Quanto tempo resta in questo albergo?
How long are you staying at this hotel?

Per due settimane.
For two weeks.

Ha trovato la prenotazione?
Have you found the reservation?

Sì, l'ho trovata!
Yes, I found it!

Ha trovato i nostri nomi nella lista?
Have you found our names on your list?

Sì, li ho trovati!

Yes, I've found them!

Che numero è la stanza?
What number is the room?

È la stanza 407.
It's room 407.

A che piano e`?
What floor is it on?

Al quarto piano.
On the fourth floor.

Dov'è l'ascensore?
Where is the elevator?

È a destra.
It's on the right.

Dov'è la sala da pranzo?
Where is the dining room?

È a sinistra.
It's on the left.

Mi dà un documento, per piacere?
Could you give me an identity document, please?

Sì, certo. Ecco il passaporto.
Yes, of course. Here is my passport.

A che ora è la colazione?
What time is breakfast?

È dalle 7 alle 9,30.
It's from 7 to 9.30.

Dove si serve la colazione?
Where do you serve breakfast?

Nella sala da pranzo al primo piano.
In the dining room on the first floor.

Posso avere la sveglia domani mattina?	Certamente.
Would you wake me up tomorrow morning?	Certainly.
A che ora?	**Alle sette.**
At what time?	At 7.

3. ADESSO RICORDA . . .

COME SI DICE?

I have booked a room from today.	**Ho prenotato una stanza a partire da oggi.**
I am attending a course in Florence.	**Frequento un corso a Firenze.**
I have booked a room for two nights.	**Ho prenotato una stanza per due notti.**
I booked about a week ago.	**Ho prenotato circa una settimana fa.**
I have booked a single room with shower.	**Ho prenotato una camera singola con doccia.**
I have booked a double room with a bath.	**Ho prenotato una stanza doppia con bagno.**
I have found the key. I found it!	**Ho trovato la chiave. L'ho trovata!**
You confirmed the reservation.	**Avete confermato la prenotazione.**
What number is the room?	**Che numero è la stanza?**
Which floor is the room?	**Che piano è la stanza?**
Where is the elevator?	**Dov'è l'ascensore?**
Where is the dining room?	**Dov'è la sala da pranzo?**
What time is breakfast?	**A che ora è la colazione?**
How come?	**Come mai?**
Oh, that is good!	**Meno male!**
Would you wake me up at seven tomorrow morning?	**Posso avere la sveglia alle sette domani mattina?**
Perfect!	**Perfetto!**
You're welcome/Not at all!	**Prego!**
Please	**per piacere/per favore**
Excuse me......	**Senta, scusi.......**
Can I help you?	**Sì, dica!**

4. GRAMMATICA

HAI NOTATO?

Double negatives

In an Italian negative phrase, the verb must always be preceded by a negative word. So, with the negative adjective **nessun, nessuno, nessuna** (meaning "no," and followed by a noun), the verb must be preceded by **non**, giving a double negative with a single negative meaning. Double negatives are quite usual in Italian.

> **Non** c'e **nessun** signor Valli prenotato.
> **Non** c'è **nessuna** prenotazione.
> **Non** ho **nessun** fratello.
> Anna non ha **nessuna** amica a Boston.

Note: There is no plural form.

nessuno, meaning *nobody*, is also a pronoun.

Nessuno ha prenotato per oggi.
Nobody has booked for today.

Negative phrases with the negative pronoun **niente** (*nothing, not . . . not anything*) must also have **non** before the verb.

Non ho dimenticato niente.
I haven't forgotten anything.

Note the difference between **nessuno** and **niente**:

Non ho visto nessuno. I haven't seen anybody.
Non ho visto niente. I haven't seen anything.

Non mi serve nessuno. I don't need anybody.
Non mi serve niente. I don't need anything.

Ti serve niente?(informal) Do you need anything?
Le serve niente?(formal) Do you need anything?

PRONOMI PERSONALI

Personal object pronouns can be divided into direct and indirect object pronouns.

In English they are: *me/to me; you/to you; him/to him; her/to her; us/to us; them/to them*. In Italian there are a few differences between direct and indirect object pronouns. Study the following sentences and note the difference between **la** (direct object pronoun) and **le** (indirect object pronoun):

Giorgio invita Anna (**lei**) a cena e manda **a lei** dei fiori.
La invita a cena e **le** manda dei fiori.

Subject	Direct object	Indirect object
io	**mi** invita	**mi** manda
tu	**ti** invita	**ti** manda
lui	**lo** invita	**gli** manda
lei	**la** invita	**le** manda
noi	**ci** invita	**ci** manda
voi	**vi** invita	**vi** manda
loro (m)	**li** invita	**gli** manda (m)
loro (f)	**le** invita	**gli** manda (f)

As you may have noticed, the direct object pronouns - me, te, lui, lei, noi, voi, loro - and the indirect object pronouns (with a preposition) - a me, a te, a lui, a lei, a noi, a voi, a loro - generally come after the verb, but they are frequently put before the verb and become mi, ti, lo, la, ci, vi, li, le - if they are direct object pronouns - and mi, ti, gli, le, ci, vi, gli (without preposition) - if they are indirect object pronouns.

Let's examine direct object pronouns in more detail:

lo/li are masculine singular and plural

Trovo **il suo nome** sulla lista - **lo** trovo
Paul legge **il libro** - **lo** legge
Non trovo **i loro nomi** sulla lista - non **li** trovo
Paul legge **i libri** - **li** legge

la/le are feminine singular and plural:

Cerco **la sua prenotazione** - **la** cerco
Trovo **la camera** in albergo - **la** trovo
Cerco **le vostre prenotazioni** - **le** cerco
Trovo **le camere** in albergo - **le** trovo

Here are examples of verbs with me - mi, te - ti, noi - ci, voi - vi.

Cerchi me? - mi cerchi? (Are you looking for me?)
Guardi me? - Sì, ti guardo (Are you looking at me? Yes, I am looking at you)

Cercate noi? - ci cercate? (Are you looking for us?)
Guardate noi? - Sì, vi guardiamo (Are you looking at us? Yes, we are looking at you)

When the formal Lei is used, the direct object pronoun is **La**, always with a capital L, and it applies both to masculine and feminine singular:

Signorina Alberti, aspetto Lei - La aspetto (I am waiting for you, Miss Alberti)
Professor Valli, aspetto Lei - La aspetto (I am waiting for you Professor Valli)
Piacere di conoscerLa, signorina Alberti (Nice to meet you, Miss Alberti)
Piacere di conoscerLa, Professor Valli (Nice to meet you, Professor Valli)
ArrivederLa, signorina (Goodbye)
ArrivederLa, professore (Goodbye)

IL VOCABOLARIO

albergo: hotel
il portiere: the receptionist, the hall-porter
l'atrio dell'albergo: the hotel foyer/hall
pensione: boarding house, guest house
pensionante: lodger
alloggio: accommodation
vitto e alloggio: room and board
trattamento pensione/pensione completa: full board
mezza pensione: half-board
alta stagione: high season
bassa stagione: out of season, low season
prenotazione: reservation
prenotare: to book, to reserve
frequentare: to attend
partire: to leave
a partire da: starting from..
mostrare: to show
guidare: to drive
controllare: to check
cercare: to look for
guardare: to look at
attendere/aspettare: to wait
attenda un momento: wait a second

attenda!: hold on!(on the phone)
servire: to serve, to need
Ti serve niente?(informal): Is there anything you need?/Can I do anything for you?
Le serve niente? (formal): Is there anything you need?/Can I do anything for you?
Dica? Mi dica?: Can I help you?
documento: identity document
lista di nomi: list of names
nome: name
cognome: surname/family name
indirizzo: address
ascensore: elevator
campanello: bell
riscaldamento: heating
aria condizionata: air conditioning
stanza/camera: room
camera singola: single room
camera matrimoniale/doppia: double room
con bagno/senza bagno: with/without bathroom
con/senza doccia: with/without shower
vista/con vista di . . . : view, with a view over . . .
letto: bed
andare a letto: to go to bed
posso avere la sveglia a . . . ?: Would you wake me up at . . . ?
sveglia telefonica: alarm call
orologio sveglia: alarm clock
orologio: watch
sala da pranzo: dining room
fiore: flower
festa: party
piano: floor
primo/secondo/terzo piano: first/second/third floor
piano terra: ground floor
ultimi piani: upper floors
numero: number
nessun, nessuno, nessuna: no-one, nobody
niente: nothing
piuttosto presto/tardi: rather early/late
meno male!: that is good!
come mai? : How come?
spesso: often
da molto/da molto tempo: for a long time
certamente, certo: certainly

il primo e l'ultimo: the first and the last
a destra: on the right
a sinistra: on the left

Ordinal numbers follow a similar pattern to ordinary adjectives, ending in -o, -a, -i, or -e depending on the number and gender of the noun to which they are applied.

primo	first
secondo	second
terzo	third
quarto	fourth
quinto	fifth
sesto	sixth
settimo	seventh
ottavo	eighth
nono	ninth
decimo	tenth

All the other ordinal numbers are formed by substituting the vowel at the end of the number with the ending -esimo, e.g. **quindicesimo** - *fifteenth*. In Italy they are often indicated by Roman numerals

ESERCIZI

1. *READ THE FAX MR VALLI SENT FROM MILAN TO THE ALBERGO CENTRALE IN FLORENCE*
   (Note: **c.a.** = **corrente anno:** *this year*)

FAX

Per: - Albergo Centrale -
       Piazza della Signoria-Firenze
All'attenzione: Direzione
Numero di fax: 55-852136
Spedito da: Professor Marco Valli - Milano
Numero di Fax: 2 -6348737
Data: 8 - settembre - 1993   **Ora** 18,30
Messaggio/Testo: Prego volermi prenotare una stanza singola con bagno per il periodo dal 7 al 15 ottobre c.a.
Possibilmente una stanza tranquilla ai piani alti, con vista di piazza della Signoria.
In attesa di vostra conferma.
Distinti saluti

Marco Valli
Marco Valli

Below is a fax sent by a Dr. Walters to book an hotel by the sea for a family vacation. The fax is very confused - the details are all out of sequence. Rewrite it putting the parts in the right order. Use Marco Valli's fax as a guide to help you.

1. Spedito da : Dr. Peter Walters, Boston, Stati Uniti
   Numero di Fax: 617-8847327
2. Possibilmente due stanze tranquille con vista mare. Trattamento mezza pensione.
3. Messaggio/Testo: Prego volermi prenotare due stanze doppie, comunicanti: una con letto matrimoniale e bagno e una a due letti con doccia, per dieci giorni a partire dal 30 giugno c.a.
4. Distinti saluti
   Peter Walters
5. In attesa di vostra conferma.
6. Per: Albergo Regina, Lungomare Riviera, S. Margherita Ligure, Genova, Italia
7. Data 10 Marzo 1994; ora 14, 30
8. All'attenzione: Direzione
   Numero di Fax: 01039-10-20136

*2. PUT THE PRONOUNS **ME-TE-LUI-LEI-NOI-VOI-LORO** BEFORE THE VERB AND CHANGE THEM INTO **MI-TI-LO-LA-CI-VI-LI-LE**. USE THE EXAMPLES AS A GUIDE:*

Invita **me** alla sua festa - **mi** invita alla sua festa
Chiama **te** al telefono? - Sì, **mi** chiama al telefono

1. Invito lui alla festa - _____ invito alla festa

2. Invito te a cena - _____ invito a cena

3. Invito te e Anna (voi) a pranzo - _____ invito a pranzo

4. Invitano noi a fare un giro - _____ invitano a fare un giro

5. Conosciamo loro molto bene - _____ conosciamo molto bene

6. Gentile Signora, conosco Lei da molto tempo - _____ conosco da molto tempo

7. Professore, presento Lei ai miei amici - _____ presento ai miei amici

8. Giulio, conosco te da molto tempo - _____ conosco da molto tempo

9. Giulio invita Anna (lei) a cena - _____ invita a cena

10. Incontri lei spesso? Sì,_____ incontro spesso

11. Conosci lui da molto? Sì,____ conosco da molto

12. Incontri loro alla festa? Sì,____ incontro alla festa

13. Chiami me al telefono? Sì,____ chiamo al telefono

14. Invitano te spesso? Sì,____ invitano spesso

15. Conosci Anna? Sì, ____ conosco

16. Chiami loro al telefono? Sì, ____ chiamo al telefono

17. Inviti anche noi al cinema? Sì,____ invito al cinema

18. Invitano anche voi a teatro? Sì, ____ invitano

19. Invitate anche le amiche di Anna (loro: f)? Sì, ____ invitiamo

20. Portate a cena Anna e i suoi amici (loro: m)? Sì, ____ portiamo a cena

3. **ANSWER THE QUESTIONS USING THE DIRECT OBJECT PRONOUNS LO, LA, LI, OR LE WHERE APPROPRIATE. COMPLETE THE VERBS AND USE THE NEGATIVE FORM WHERE REQUIRED.**

Ex: Mostrate i documenti? Sì, **li** mostriamo
Trovi il passaporto? No, non **lo** trovo

1. Conoscete gli studenti? Sì,____ conosci____

2. Trovi i nostri nomi sulla lista? No,____ ____ trov____

3. Bevi tutti questi caffè? Sì,____ bevo

4. Mangiate le paste a colazione? No,____ ____ mangi____

5. Preferisci questi dolci? Sì, ____ preferisc____

6. Prendi la torta di mele? Sì,____ prend____

7. Devi comprare tutti questi libri? Sì, ____ devo comprare tutti

8. A che ora servono il pranzo? ____ servono dalle 12,30 alle 14

9. Prepari il pranzo? Sì, ____ prepar____

10. A che ora servono la colazione? ____ servono dalle 7,30 alle 9

11. Fai colazione? Sì,____ facci____

12. Preferisci una stanza ai piani alti? Sì, ____ preferisc____

13. Vuoi lo zucchero nel caffè? No, ____ ____ voglio,____ prendo amaro

14. A che ora danno la sveglia? ____ danno alle 6

15. Scrivi tutte queste lettere? Sì,____ scrivo

16. Sai guidare la macchina? Sì,____ so guidare

17. Parli l'italiano? Sì,____ parl____ un po'

18. Vedi spesso le tue amiche? Sì ,____ vedo spesso

19. Prendete i biglietti per il teatro? Sì, ____ prendi____

20. Paul, prendi questo libro, è interessante! Sì, ____ prendo e ____ legg____ subito

ALL'UFFICIO POSTALE
AT THE POST OFFICE

Due anni dopo, Paul, un giovanotto di diciannove anni ormai, è venuto in Italia per una vacanza studio.
È all'ufficio postale per spedire delle lettere ai suoi amici in tutte le parti del mondo.

Two years later, Paul, now a young man of nineteen, has come to Italy on a study vacation.
He is at the post office in order to send some letters to his friends all over the world.

Paul	**Può darmi dei francobolli per queste lettere e per questa cartolina postale?** Could you give me some stamps for these letters and this postcard, please?
L'impiegato	**Sono per l'Italia?** Are they for Italy?
Paul	**Beh, guardi . . . una lettera è per gli Stati Uniti. L'altra lettera è per l'Inghilterra, e la cartolina è per l'Italia.** Well, look . . . one letter is for the United States. The other letter is for England, and the postcard is for Italy.

L'impiegato	**Ti piace scrivere eh! Allora vediamo . . . questi sono i francobolli per la tua lettera degli Stati Uniti e questi sono i francobolli per l'Europa, inclusa l'Italia.** You like writing, don't you? Well let me see . . . these are the stamps for your United States letter, and these are the stamps for Europe, including Italy.
Paul	**Grazie. Senta, dovrei spedire anche questo pacchetto. È per l'Australia. È possibile mandarlo via aerea? Quanto ci mette?** Thanks. Listen, I also need to send this little parcel. It's for Australia. Is it possible to send it by air mail? How long does it take?
L'impiegato	**Sì certo, ma ci metterà almeno due settimane.** Yes, of course, but it will take at least two weeks.
Paul	**Va bene. Eccolo! Può pesarlo?** All right. Here it is! Can you weigh it?
L'impiegato	**Sì, pesa ottocento grammi. Ti costa sulle ventimila lire. E devi compilare anche questo modulo.** Yes, it weighs eight hundred grams. It will cost you about 20.000 lire. And you also have to fill out this form.
Paul	**Grazie. Cosa devo scrivere qui?** Thank you. What do I have to write here?
L'impiegato	**Scrivi il nome e l'indirizzo del mittente e del destinatario. Poi su questa riga il contenuto del pacco e il suo valore approssimativo.** Write the name and the address of the sender and the addressee. Then on this line the contents of the parcel and its approximate value.
Paul	**Ecco fatto! Spero che sia leggibile!** Here you are! I hope it's legible!
L'impiegato	**Vediamo. Sì, può andare.** Let me see. Yes, it's quite all right.
Paul	**Quant'è con i francobolli?** How much is it with the stamps?
L'impiegato	**Sono ventitremila e seicentocinquanta lire in tutto. Se hai degli spiccioli è meglio, perchè non ho resto.** It is 23.650 lire altogether. It will be better if you have small coins, because I have no change.

| Paul | Sì, ce li ho. Eccoli! |
| | Yes, I have some. Here they are! |

1. LEGGI E RIPETI

ufficio postale (ooffeecheeo postaale)

due anni dopo (dooe aannee dohpo)

una vacanza studio (oona vacaantza stoodeeo)

un giovanotto di diciannove anni (oon jeeovanohtto dee deecheeannohve aannee)

Può darmi/Mi dà un francobollo? (Pwo daarmee/Mee da oon francobohllo?)

tutte le parti del mondo (tootte lay paartee del mohndo)

Senta, devo spedire un pacco. (Saynta, dayvo spedeere oon paacco)

Ti piace scrivere, eh! (Tee peeaache screevere, e!)

È possibile mandarlo via aerea? (E posseebile mandaarlo veea aayrea?)

Quanto ci mette? (Cwaanto chi maytte?)

Può pesarlo? (pwo pesaarlo?)

Quanto pesa? (Cwaanto paysa?)

Quanto costa? (Cwaanto cohsta?)

Devo compilare un modulo. (Dayvo compeelaare oon mohdoolo)

Cosa devo scrivere? (Cohsa dayvo screevere?)

nome e indirizzo (nohme e eendeereetzo)

mittente e destinatario (meettaynte e desteenataareeo)

contenuto e valore del pacco (contenooto e valohre del paacco)

valore approssimativo (valohre approssimateevo)

leggibile/illeggibile (lejjeebeele/eellejjeebeele)

speriamo/vediamo (spereeaamo/vedeeaamo)

può andare (pwo andaare)

su questa riga (soo cwaysta reega)

in tutto (een tootto)

spiccioli (speecheeohlee)

Non ho resto. (Non o raysto)

è meglio (e maylyo)

2. DOMANDE E RISPOSTE

| **Dov'è Paul?** | **È all'ufficio postale.** |
| Where is Paul? | He is at the post office. |

| **Quanti anni sono passati?** | **Due anni.** |
| How many years have passed? | Two years. |

Quanti anni ha Paul adesso? How old is Paul now?	**Ha diciannove anni.** He is nineteen.
Perchè è venuto in Italia ? Why is he in Italy?	**Per una vacanza studio.** For a study vacation.
Cosa chiede all'impiegato? What does he ask the clerk?	**Chiede dei francobolli.** He asks for some stamps.
Può darmi dei francobolli? Could I have some stamps?	**Sì, eccoli!** Yes, here they are!
Dove manda le lettere? Where does he send the letters?	**Le manda in America e in Inghilterra.** He sends them to America. and to England.
Dove manda il pacco? Where does he send the parcel?	**Lo manda in Australia, a Melbourne.** He sends it to Australia, to Melbourne.
Quanto pesa il pacco? How much does the parcel weigh?	**Pesa ottocento grammi.** It weighs 800 grams.
Quanto costa? How much does it cost?	**Sulle ventimila lire.** About 20,000 lire.
Le piace scrivere? (formal) Do you like writing?	**Sì, mi piace.** Yes, I do.
Ha degli spiccioli? (formal) Have you any small change?	**Sì, ne ho.** Yes, I have some.
Ha il resto? (formal) Have you any change?	**No, non ce l'ho.** No, I haven't.

3. ADESSO RICORDA

COME SI DICE?

Can you give me some stamps?	**Mi dà dei francobolli.**
Is it possible to send a parcel by air mail?	**È possibile mandare un pacco via aerea?**
How long does it take to get to the States?	**Quanto ci mette per gli Stati Uniti?**
Can you weigh it?	**Può pesarlo?**

How much does it cost?	Quanto costa?
I have to fill out this form.	Devo compilare questo modulo.
What shall I write here?	Cosa devo scrivere qui?
name & address of the sender and addressee	nome e indirizzo del mittente e del destinatario
the contents and the approximate value	il contenuto e il suo valor approssimativo
Here you are.	Ecco.
How old are you?	Quanti anni hai?
I hope it is legible.	Spero sia leggibile.
Let me see.	Vediamo.
It is quite all right.	Può andare.
small change	spiccioli
I have no change.	Non ho resto.
altogether	in tutto

4. GRAMMATICA

HAI NOTATO?

To give your age in Italian, you use the verb **avere** (to have):

Ho venti anni.
I am twenty.

Paul ha diciannove anni ormai.
Paul is ninteen now.

And to ask other people their age, you say

Quanti anni hai? (or **ha**, if you want to use the formal form)
Ho più di trent'anni ormai.
How old are you? I am over thirty now.

Personal object pronouns

In Lesson 8 we looked closely at the use of direct object personal pronouns. Now let's examine indirect object personal pronouns in more detail. As we have seen **a me, a te, a lui, a lei, a noi, a voi, a loro** are often put before the verb and changed to **mi, ti, gli, le, ci, vi, gli,** without the preposition.

> Parla **a me** - **mi** parla
> Scrive **a te** - **ti** scrive
> Carla telefona a **Valeria** (**a lei**) - **le** telefona
> Giulio manda **a Anna** (**a lei**) dei fiori - **le** manda dei fiori
> Paul spedisce **a suo fratello** (**a lui**) un pacco - **gli** spedisce un pacco
> Noi mandiamo **a voi** dei fax, ma voi mandate **a noi** delle lettere -
> Noi **vi** mandiamo dei fax, ma voi **ci** mandate delle lettere
> Noi scriviamo **ai nostri clienti** (**a loro**) - **gli** scriviamo
> Anna telefona **alle sue amiche** (**a loro**) - **gli** telefona

Note:

Anna telefona **alla sua amica** (**a lei**) - **le** telefona
Anna telefona **a Guilio** (**a lui**) - **gli** telefona

But in the plural:

Anna telefona **alle sue amiche** (**a loro**) - **gli** telefona
Anna telefona **ai suoi amici** (**a loro**) - **gli** telefona

Although the best Italian form for both masculine and feminine plural would be **telefona loro**, nowadays **gli telefona** is almost always used in everyday speech.

The formal indirect object pronoun is **Le** (always written with a capital L) both for masculine and feminine singular.

Professor Valli, certamente telefono **a Lei** domani - **Le** telefono certamente domani
Signorina Alberti, voglio presentare **a Lei** un mio studente - **Le** presento un mio studente

Ci

Ci can be both a personal direct object pronoun and an indirect object pronoun, with the meaning *us* (direct) or *to us* (indirect). With reflexive verbs it may mean *ourselves* or *each other/one another*. We have already come across the following expressions:

Ci vediamo più tardi.
See you later - We will see/meet each other later.

Ci vediamo un'altra volta.
See you some other time.

Ci siamo divertiti.
We enjoyed ourselves.

Ci can also be an adverb, meaning *there*. We have already seen it used many times in previous lessons in the expressions **c'è** and **ci sono** - *there is* and *there are*.

Ci sono dei vestiti nella valigia.
C'è Valeria, l'amica di Carla.
Ci sono gli amici di Marco.

As an adverb of place **ci** also means *here* or *there*:

I go there
vado lì - *ci* **vado**
I stay here
sto qui - *ci* **sto**
I get on the train at eight
salgo sul treno alle otto - *ci* **salgo alle otto**

Ci is also found as an untranslateable part of the verbs **metterci** and **volerci** - to take, require, need. We have already seen the expressions:

Il taxi ci mette un'ora per arrivare all'aereoporto.
The taxi takes an hour to get to the airport.

Il pacco ci mette due settimane per arrivare in Australia.
The parcel takes two weeks to get to Australia.

volerci can be used as an alternative to **metterci**, but because it is an impersonal verb, the construction of the sentence changes:

Ci vuole un'ora per arrivare all'aereoporto in taxi.
It takes an hour to get to the airport by taxi.

Ci vogliono due settimane per fare arrivare il pacco in Australia.
It takes two weeks for the parcel to get to Australia.

Volerci can be used to refer to distance as well as to time. For example:

Ci vogliono mille metri per fare un chilometro.
It takes one thousand meters to make one kilometer.

Ci vogliono sessanta minuti per fare un'ora.
It takes 60 minutes to make an hour.

OGNI

ogni is an adjective meaning *each* or *every*, according to the context. It is always followed by a singular noun, unless the noun is preceded by a number:

ogni giorno - every day
but:

ogni due giorni - every other day
ogni cinque minuti - every five minutes

Vai spesso al cinema?
Sì, ci (*there*) **vado ogni settimana/ogni due settimane.**
Do you go often to the movies?
Yes, I go there every week/every other week.

PIACERE

Have you noticed the expression:
ti piace scrivere, eh!

The verb **piacere** is impersonal and always needs an indirect object
pronoun. So

Ti piace scrivere?	*or*	**A te** piace scrivere?
Sì, **mi** piace molto.	*or*	Sì, **a me** piace molto.

Le piace il tè.	**A lei** piace il tè.
She likes tea (*literally*:	Tea is liked by her.)

Children like sweets.
Ai bambini piacciono i dolci - **A loro** piacciono i dolci - **Gli** piacciono
i dolci.

The verb **mancare** - *to miss* - also follows this construction:

Mi manchi molto.
I miss you a lot.
Mi mancate tutti molto.
I miss you all a lot.

Tu manchi **a me** - **Mi** manchi
Voi mancate **a me** - **Mi** mancate

IL VOCABOLARIO

leggere: to read
leggibile/illeggibile: readable/unreadable, legible/illegible
scrivere: to write
compilare: to fill out (a form)
pesare: to weigh
pensare: to think
costare: to cost

guardare: to look
vedere: to see
chiedere/domandare: to ask
rispondere: to answer
sperare: to hope
sentire: to hear, to feel
piacere: to like
metterci: to take/require (time)
volerci: to take/require (time, amount)
salire: to get on
scendere: to get off

ufficio postale/la posta: the post office
francobollo: stamp
modulo: form
compilare un modulo: to fill out a form
via aerea: by air mail
via fax: by fax
espresso: express letter
raccomandata: recorded delivery
vacanza studio: study vacation
fare domanda: to apply
domanda: question, request, application for a job
contenuto: contents
valore: value
pacco: parcel
lettera: letter
riga: line
notizia: news
informazione: information
impiegato: clerk
giovanotto: young man
anno: year
mondo: world
grammo: gram
chilo: kilo
approssimativo: approximate
approssimativamente: approximatily
incluso: including, inclusive of
escluso: excluding, exclusive of
accluso: attached

indirizzo: address
mittente: sender
destinatario: addressee

spiccioli: small coins
monete: coins
in tutto: altogether

ESERCIZI

1. IN THE FOLLOWING SENTENCES, REPLACE THE INDIRECT PRONOUN OR A + NOUN WITH MI, TI, GLI, LE, CI, VI. THE WORDS TO BE REPLACED ARE IN ITALICS.

Ex:

Anna manda *alla sua amica* una cartolina - Le manda una cartolina
Non mandano *a noi* un fax - Non ci mandano un fax

1. Diamo *a voi* questa notizia -

2. Giulio telefona *a Anna* -

3. Anna telefona *a Giulio* -

4. Non diamo *a loro* nessuna informazione -

5. Telefoniamo *ai nostri genitori* ogni settimana -

6. Scriviamo *a te e a Giorgio* ogni mese -

7. Mandiamo *ai nostri clienti* un fax ogni due settimane -

8. Paul manda *a me e a suo fratello* un fax -

9. Porto questo libro *a Lei*, professore -

10. Anna regala *a Giorgio* un orologio -

11. Il professore risponde *agli studenti* -

12. Voglio dare un regalo *a Lei*, signorina -

13. Chiedo l'informazione *a lei* -

14. Paul manda *a suo fratello* un pacco -

15. Non scrivo mai *a mia sorella* -

2. ANSWER THE QUESTIONS BY FILLING IN THE BLANKS USING THE APPROPRIATE INDIRECT PRONOUN - MI, TI, GLI, LE, CI, OR VI . COMPLETE THE VERBS AND ADD "OGNI" WHERE NECESSARY.

1. Date a me queste informazioni? Sì, ____ di ____ le informazioni

2. Telefoni a Giorgio? Sì, ____ telefon__

3. Spediscono a voi dei libri? Sì, ____ spedi__ dei libri

4. Regala un libro al suo studente? Sì, _____ regalo un libro

5. Mandi spesso un fax a Anna? Sì, _____ mand__ un fax _____ settimana

6. Scrivete a noi queste informazioni? No, non _____ scrivi__ nessuna informazione

7. Cosa regali a Anna? _____ regalo dei fiori

8. Cosa spedisci a tuo fratello? _____ spedi__ un pacco

9. Parli a lei di questo problema? No, non _____ parl__ mai di niente

10. Racconti tutto alle tue amiche? No, non _____ racconto mai niente

11. Telefona spesso a te, Giulio? Sì, _____ telefona _____ due giorni

12. Mandi spesso dei pacchi ai tuoi fratelli? Sì, _____ mand__ un pacco _____ due mesi

13. Scrivi spesso a Giulio? Sì, _____ scriv__ _____ settimana

14. Telefonate spesso ai vostri genitori? Sì, _____ telefoni__ _____ mese

3. NOW ANSWER THESE QUESTIONS ABOUT THE DIALOG:

1. Perchè è venuto in Italia Paul?

2. Quanti anni ha Paul?

3. Cosa compra Paul all'ufficio postale?

4. Dove deve mandare il pacco Paul?

5. Quanto ci mette il pacco ad arrivare per via aerea?

6. Quanto pesa il pacco?

7. Cosa deve scrivere sul modulo Paul?

8. Quanto paga Paul in tutto?

CHE TEMPO FA?

WHAT IS THE WEATHER LIKE?

Il professor Valli e Paul si incontrano a Milano, dove Paul frequenta un corso in affari e finanza all'Università Bocconi.
Mr. Valli and Paul meet in Milan, where Paul is attending a course on business and finance at Bocconi University.

Il professor Valli	**Come ti trovi a Milano, Paul?**
	How are you getting on in Milan, Paul?
Paul	**Mi trovo molto bene. Il corso è interessante e mi diverto anche molto.**
	I'm getting on very well. The course is interesting and I'm enjoying myself quite a lot.
Il prof. Valli	**Mi fa piacere. E cosa fai nel tempo libero?**
	I am glad! And what do you do in your spare time?
Paul	**Visito mostre e fiere campionarie. C'è sempre qualche cosa di nuovo da vedere. Mi piace anche passeggiare in centro: è pieno di negozi belli ed eleganti.**
	I visit exhibitions and trade fairs. There is always something new to see. I like walking in the town center: it is full of nice elegant stores.

Il prof. Valli	**Ma com'è il tempo a Milano? Certo non è sempre così bello. Oggi è una giornata eccezionale con il sole e il cielo azzurro, ma so che di solito c'e molta nebbia.** But what is the weather like in Milan? Certainly it's not always so nice. Today is an exception with the sun and a blue sky, but I know that usually there is a lot of fog.
Paul	**È vero, ma non mi importa. Mi metto l'impermeabile e una sciarpa attorno al collo e vado in giro lo stesso.** It is true, but I don't mind. I put my raincoat on and a scarf around my neck and I walk around all the same.
Il prof. Valli	**Dove vai per i fine settimana?** Where do you go on the weekends?
Paul	**Qualche volta prendo il treno e vado a Venezia o in montagna a sciare. Da qui è facile raggiungere bei posti di montagna per fare degli sport invernali. E poi i treni sono così comodi ed economici!** Sometimes I take the train and I go to Venice or I go skiing in the mountains. It is easy to reach nice mountain resorts for winter sports from here. Besides, trains are so comfortable and cheap.
Il prof. Valli	**Io invece preferisco il mare. Domenica prossima, se il tempo è bello, voglio andare a Portofino a godermi il bel sole e il bel mare della riviera.** I prefer ocean resorts. Next Sunday, if the weather is nice, I want to go to Portofino, to enjoy the sunshine and the sea of the Riviera.
Paul	**Fa bene professore. Si diverta e buona domenica!** You are right, sir. Enjoy yourself and have a nice Sunday!

1. LEGGI E RIPETI

Com'è il tempo? (come eel taympo?)
Mi trovo bene/male qui. (Mee trohvo bayne/maale)
Cosa fai nel tempo libero? (Cosa-faaee nel taympo leebero?)

Mi fa piacere. (Mee faa peeachayre)

Visito mostre e fiere campionarie. (Veeseeto mohstre e feeayre campeeonaaree-e)

Frequento un corso in affari e finanza. (Frecwaynto oon cohrso een affaaree e finaantza)

C'è sempre qualcosa di nuovo da vedere. (Che saympre cwalcohsa da vedayre)

Mi piace passeggiare in centro. (Mee peeaache passejjaare een chayntro)

Vado a fare quattro passi. (Vaado a faare cwaattro paassi)

Ci sono negozi molto eleganti e sofisticati. (Chee sohno negohzeeo mohlto elegaanti e sofeesteecaatee)

Il tempo è sempre bello. (Eel taympo e saympre bayllo)

C'è il sole. (Che eel sohle)

Il cielo è azzurro. (Eel cheeaylo e atzoorro)

C'è caldo!/fa caldo! (Che caaldo! Faa caaldo!)

Di solito piove. (Dee sohlito pyohve)

C'è nebbia. (Che naybbeea)

È nuvoloso. (E noovolohso)

C'è freddo!/fa freddo! (Che frayddo! Fa frayddo)

Piove! (Pyohve!)

Sta per piovere. (Sta per pyohvere)

Nevica! (Nayvica!)

Vado a sciare. (Vaado a sheeaare)

Non mi importa. (Non mee eempohrta)

È vero! (E vayro)

È economico/è a buon prezzo. (E econohmico/e a bwohn prayzzo)

È caro/è costoso. (E caaro/e costohso)

2. DOMANDE E RISPOSTE

Che tempo fa a Milano? What is the weather like in Milan?	**Qualche volta è bello, ma spesso c'è nebbia.** Sometimes it's nice, but often it's foggy.
Come ti trovi qui? How are you getting on here?	**Mi trovo bene.** I'm getting on well.
Ti piace il corso? Are you enjoying your course?	**Si, mi piace. È molto interessante.** Yes, I am enjoying it. It is very interesting.

Cosa fai nel tempo libero?	**Visito le fiere campionarie e**
What do you do in your spare time?	**faccio quattro passi in centro.**
	I visit trade fairs and I go for a stroll in the town center.
Come sono i negozi a Milano?	**Sono belli e eleganti.**
What are the stores like in Milan?	They are nice and elegant.
Si compra bene?	**Sì, si compra bene, ma tutto è**
Is it good for shopping?	**caro.**
	Yes, it is , but everything is expensive.
Cosa fai quando c'è freddo?	**Mi metto la sciarpa attorno al**
What do you do when it is cold?	**collo.**
	I put my scarf around my neck.
Cosa fai quando piove?	**Mi metto l'impermeabile e porto l'ombrello.**
What do you do when it rains?	I wear my raincoat and I take my umbrella.
Cosa fai per i fine settimana?	**Se c'è bel tempo e molta neve vado in montagna a sciare.**
What do you do on the week-ends?	If the weather is nice and there is a lot of snow I go skiing in the mountains.
Come vai in montagna?	**Vado in treno. È più economico.**
How do you get to the mountains?	I go by train. It is cheaper.
Lei, professor Valli, cosa fa le domeniche?	**Io vado al mare in Riviera.**
And you, professor Valli, what do you do on Sundays?	I go to the seaside in the Riviera coast.

3. ADESSO RICORDA . . .

COME SI DICE?

I am getting on well here.	**Mi trovo bene qui.**
I am glad.	**Mi fa piacere.**
In my spare time.	**Nel mio tempo libero.**
I go to the mountains.	**Vado in montagna.**
I go skiing.	**Vado a sciare.**
The sky is blue.	**Il cielo è azzurro.**
It is sunny and warm.	**C'è sole e fa caldo.**
It is cloudy and cold.	**È nuvoloso e fa freddo.**

LESSON 10

It is raining.	**Piove.**
It is going to rain.	**Sta per piovere.**
The weather is always nice.	**Il tempo è sempre bello.**
There is fog.	**C'è nebbia.**
What is the weather like?	**Com'è il tempo?**
What are the stores like?	**Come sono i negozi?**
Is it good for shopping?	**Si compra bene?**
I don't mind.	**Non mi importa.**

4. GRAMMATICA

HAI NOTATO?

Indirect object pronouns precede direct object pronouns when both are placed before the verb. In this case **mi, ti, ci, vi** change to **me, te, ce, ve** when followed by **lo, la, li, le, ne.**

Io spedisco **a te** un libro	**ti** spedisco un libro	**te lo** spedisco.
Tu spedisci **a me** le fotografie	**mi** spedisci le fotografie	**me le** spedisci
Anna manda **a voi** una cartolina	**vi** manda la cartolina	**ve la** manda
Tu e Paul spedite **a noi** i pacchi	**ci** spedite i pacchi	**ce li** spedite

The indirect pronouns **gli** and **le** change to **glielo, gliela, glieli, gliele, gliene** when followed by **lo, la, li, le,** or **ne.**

Porto **a lui** questi regali	**gli** porto questi regali	**glieli** porto
Portate **a lei** dei fiori	**le** portate dei fiori	**glieli** portate
Mandi **a lui** delle cartoline	**gli** mandi delle cartoline	**gliele** mandi
Regali **a lei** una rosa	**le** regali una rosa	**gliela** regali
Regali **a loro** un libro	**gli** regali un libro	**glielo** regali
Quante rose regali a Anna?	**gliene** regalo una (one of them)	
Quanti libri regali a loro?	**gliene** regalo due (two of them)	

The pronoun **ne** must be used in Italian in expressions denoting number and quantity. It means *some, any, about, of it, of them, from there.* We came across it in Lesson 5 in the following sentence.

Queste lettere sono pronte, ma devo ancora scriverne 100 al computer.
These letters are ready, but I still have to write 100 (of them) on the computer.
Here are some more examples:

Quanti ne vuole? Ne voglio otto.
How many do you want? I want 8 (of them).

Hai del tempo? Sì, ne ho.
Do you have time? Yes, I have time (*literally:* yes I have some).

Hai molti amici a Boston? Sì, ne ho molti.
Do you have many friends? Yes, I have many (of them).

Hai dei libri? Sì, ne ho.
Do you have some books? Yes, I have some.

Hai figli? Sì, ne ho tre.
Do you have any children? Yes, I have three (of them).

Vuoi del caffè? Sì, ne prendo una tazza.
Do you want some coffee? Yes, I will have a cup (of it).

Parlano di lui? Sì, ne parlano spesso.
Are they talking about him? Yes, they talk about him often.

Here are some examples of **ne** with the combined pronouns - **me ne, te ne, gliene, ce ne, ve ne.**

Compri delle rose e *me ne* regali una.
You buy some roses and you give me one (of them) as present.

Compro dei libri e *te ne* regalo alcuni.
I buy some books and I give you some (of them) as present.

Scrivo *a lui* due lettere al mese - *Gli* scrivo due *lettere* al mese - *Gliene* scrivo due al mese.
I write to him twice a month.

Compriamo dei dischi nuovi e *ve ne* diamo alcuni.
We buy some new records and we give you some of them.

Paul porta una torta e ce ne dà una fetta
Paul brings a cake and gives us a slice of it.

Regali molti fiori *ad Anna*?
Sì, *le* regalo molti *fiori* - *gliene* regalo molti.

Mandi molti pacchi *a tuo fratello*?
Sì, *gli* mando molti *pacchi* - *gliene* mando molti.

MANDARLO, PAGARLO

Both direct and indirect object pronouns as well as **ne** can be attached to the verb in the infinitive. We have already come across the expression **Mi fa piacere conoscerti** in Lesson 2. Here are some more examples:

pagar-e	pagar*lo* (to pay him)
veder-e	veder*la* (to see her)
parlar-e	parlar*ne* (to talk about it)
parlar-e	parlar*gli* (indirect: to speak to him)
	parlar*le* (indirect: to speak to her)

Here are some examples with the verbs **potere, volere, dovere** followed by the infinitive + personal object pronouns:

Voglio comprare **un libro** - **lo** voglio comprare - voglio **comprarlo**

Non posso fumare **una sigaretta** - non **la** posso fumare - non posso **fumarla**

Devo fare **gli esercizi** - **li** devo fare - devo **farli**

Devo incontrare **le mie amiche** - **le** devo incontrare - devo **incontrarle**

Voglio parlare **a lui** di questo - **Gli** voglio parlare di questo - voglio **parlargliene**

IL VOCABOLARIO

mettersi/ indossare: to put on, to wear
incontrarsi: to meet
trovarsi: to be (*literally:* to find oneself)
divertirsi: to enjoy oneself
piacere: to like (used impersonally)
raggiungere: to reach
passeggiare: to walk
fare quattro passi/due passi: to go for a stroll
sciare: to ski
andare a sciare: to go skiing
andare in montagna: to go to the mountains
andare in ferie: to go on vacation
nevicare: to snow
piovere: to rain
visitare: to visit
regalare/dare in regalo: to give a present
ascoltare la musica: to listen to the music
restituire: to give back
fare la spesa: to do the shopping (for food)
fare le spese: to do the shopping (general)

località di villeggiatura: vacation resort
località balneare: ocean resort
località montana: mountain resort
sport invernali: winter sports
pioggia: rain
neve: snow
nebbia: fog
freddo: cold
sole: sun
cielo: sky
vento: wind
c'è/fa caldo/freddo: it is hot/cold
c'è/fa bel tempo/brutto tempo: it is fine /horrible weather
c'è vento: it is windy

colori: colors
grigio(fem. grigia, pl. grigi/e): gray
azzurro (fem. azzurra, pl. azzurri/e): blue, light blue
blu: blue (invariable)
beige: beige
bruno (fem. bruna, pl. bruni/e): brown
marrone: brown (invariable)
verde (pl. verdi): green
giallo (fem. gialla, pl. gialli/e): yellow
viola: purple (invariable)
rosso (fem. rossa, pl.rossi/e): red
bianco (fem. bianca, pl. bianchi/e): white
nero (fem. nera, pl. neri/e): black
arancione (pl. arancioni): orange
rosa: pink (invariable)
la rosa/le rose: rose (flower)
scuro, più scuro: dark, darker
chiaro, più chiaro: light, lighter
delicato: delicate

impermeabile: raincoat
cappotto: coat
ombrello: umbrella

sciarpa: scarf
pullover: sweater
calze: stocking, socks
cravatta: tie
camicetta: blouse
pantaloni: trousers
tessuto: material, fabric
collo: neck
negozio: store
disco (pl. dischi): record
fotografia: photo
rivista: magazine
affari: business
finanza: finance
tempo libero: free time
mostra: exhibition
fiera campionaria: trade fair

sofisticato: sophisticated
nuovo/vecchio: new/old
pieno/vuoto: full/empty
facile/difficile: easy/difficult
economico, a buon prezzo: economical, cheap
caro, costoso: expensive
bel, bello/brutto: fine, nice/ugly, horrible
bene/male: well/badly
eccezionale: exceptional

dove: where
da qui: from here
così: so
qualche volta: sometimes
sempre: always
spesso: often
di solito: usually
qualche cosa: something

il mese: month
la stagione: season

Like the names of the days, the names of the months are written with a small letter. They are:

gennaio	January
febbraio	February
marzo	March
aprile	April
maggio	May
giugno	June
luglio	July
agosto	August
settembre	September
ottobre	October
novembre	November
dicembre	December

The four seasons of the year are:

inverno: winter
primavera: spring,
estate: summer
autunno: fall

in estate fa caldo
in inverno fa freddo

ESERCIZI

1. IN THE FOLLOWING SENTENCES, CHANGE THE INDIRECT AND THE DIRECT OBJECT NOUNS (IN ITALICS) INTO THE APPROPRIATE PRONOUNS, USING THE EXAMPLE AS A GUIDE:

Example:

Scrivo *la risposta alla tua lettera* - *ti* scrivo *la risposta* - *te la* scrivo.
Marco vuole fare *un regalo a sua moglie* - *Le* vuole fare *un regalo* -
glielo vuole fare - vuole far*glielo*

1. Mando *un pacco a mio fratello* - _____ mando *un pacco* -

2. Telefoni *la buona notizia al tuo amico.* - _____ telefoni *la buona notizia* -

3. Voglio parlare *a lui di questo problema* - _____ voglio parlare *di questo problema* -

4. Posso comprare *a voi dei libri* - _____ posso comprare *dei libri* -

5. Scrive *il programma ai suoi clienti* - _____ scrive *il programma* -

6. Prenoto la stanza *al mio direttore* - Prenoto *la stanza* -

7. Compro *a voi dei biglietti per il teatro* - _____ compro *i biglietti* -

8. Mandate *a noi delle cartoline* - _____ mandate *delle cartoline* -

9. Compriamo *ai ragazzi delle riviste* - _____ compriamo *delle riviste* -

10. Devo prenotare *a voi la stanza in albergo* - _____ devo prenotare *la stanza in albergo* -

11. Devo restituire *la chiave al portiere* - _____ devo restituire *la chiave* -

12. Telefonate *a noi la notizia* - _____ telefonate *la notizia* -

13. Devo portare *il modulo alla segretaria* - _____ devo portare *il modulo* -

14. Paghiamo *il conto al cameriere* - _____ paghiamo *il conto* -

15. Posso regalare *a Anna dei fiori* - _____ posso regalare *dei fiori* -

16. Posso comprare *agli studenti dei libri* - _____ posso comprare *dei libri* -

17. Scrivono *delle lettere ai loro clienti* - _____ scrivono *delle lettere* -

18. Potete chiedere *l'ora alla signora* - _____ potete chiedere *l'ora* -

19. Spediamo *a voi dei pacchi* - _____ spediamo *dei pacchi* -

20. Volete portare *dei regali alla ragazza* - _____ volete portare *dei regali* -

2. ANSWER THESE QUESTIONS:

1. Che giorno è oggi?

2. Com'è il tempo oggi?

3. Quale colore preferisci?

4. Di che colore sono i tuoi vestiti?

5. Quale mese e stagione preferisci?

6. Cosa fai nel tempo libero?

7. Cosa fai per i fine settimana?

8. Cosa fai quando il tempo è bello?

9. Cosa fai quando c'è freddo?

10. Si compra bene nella tua città? Dove?

DI CHE COSA ABBIAMO BISOGNO?
WHAT DO WE NEED?

È una calda giornata d'estate. Giulio è venuto a trovare Anna.
Insieme decidono di passare la giornata al mare con alcuni amici.
Anna è in cucina e sta preparando dei panini.

It is a warm summer day. Giulio has come to visit Anna. Together
they decide to spend the day at the shore with some friends. Anna is
in the kitchen and she is making some sandwiches.

Giulio	**Anna, hai telefonato ai tuoi amici? Chi viene con noi?** Anna, have you called your friends? Who is coming with us?
Anna	**Ho telefonato ieri sera ai Rossi, ma non possono venire. Vengono invece Giovanni e Luciana, e portano anche il fratello di Luciana, Luigi. Saremo in cinque.** I rang the Rossis yesterday evening, but they cannot come. Instead Giovanni and Luciana are coming, and they are bringing along Luciana's brother, Luigi. There will be five of us.
Giulio	**Bene. Di che cosa abbiamo bisogno allora per la colazione al sacco?** Good. What do we need then for the picnic lunch?

Anna	Loro portano dei dolci. Io ho comprato due polli arrosto e adesso sto preparando dei panini. Ma mi serve ancora del pane e del formaggio, e anche un pò di prosciutto crudo per i panini. Luigi è un ragazzino e ha sempre una fame da lupo!

They are bringing some cakes. I have bought two roast chickens and now I am making some sandwiches. But I need more bread and cheese, and also some Parma ham for the sandwiches. Luigi is a young boy and has a huge appetite (*the Italian says* : he is always as hungry as a wolf).

Giulio **Allora vado io a comprarli. C' è una salumeria o un supermercato qui vicino?**
I'll go and buy them, then. Is there a delicatessen or a supermarket nearby?

Anna **Sì, guarda. La salumeria è all'angolo e accanto c'è un panificio. Puoi comprare anche qualcosa da bere? Del vino e una bottiglia di aranciata. Il supermercato è di fronte alla salumeria.**
Yes, look. The delicatessen is on the corner and next door there is a bakery. Can you also buy something to drink? Some wine and a bottle of orange juice. The supermarket is opposite the delicatessen.

Giulio **Vado allora. Tu intanto puoi mettere tutto dentro il cestino. Partiremo appena ritorno.**
I am going then. In the meantime you can get everything into the basket. We will leave as soon as I come back.

In salumeria
At the delicatessen

Giulio **Mi dà tre etti di prosciutto crudo, tagliato sottile, e tre etti di formaggio, per piacere?**
Can you give me three hundred grammes of parma ham, cut thin, and three hundred grammes of cheese, please?

Il salumiere **Certamente. Che formaggio desidera?**
Of course. What cheese would you like?

Giulio **Cosa avete?**
What do you have?

Il salumiere	Tutto quello che vuole. Formaggio dolce, gorgonzola, fontina, Bel paese, emmenthal svizzero, mozzarella, stracchino, parmigiano …
	Everything that you could want! Mild cheese, Gorgonzola, Fontina, Bel paese, Swiss Emmenthal, Mozzarella, Stracchino, parmesan …
Giulio	Mi dà due etti di fontina e due di Bel paese, e anche una mozzarella morbida, grazie.
	Could you give me two hundred grammes of Fontina and two hundred grammes of Bel paese, and also a soft Mozzarella? Thank you.
Il salumiere	Basta così?
	Is that all?
Giulio	Sì grazie, basta!
	Yes, thanks, that's everything!

1. LEGGI E RIPETI

in cucina (een coocheena)
pollo arrosto (pohllo arrohsto)
pane e formaggio (paane e formaajjeeo)
prosciutto crudo (proshootto croodo)
prosciutto cotto (proshootto cohtto)
in salumeria (een saloomereea)
due etti di formaggio dolce (dooe aytti dee formaajjeeo dohlche)
prosciutto tagliato sottile (proshooto talyaato sotteele)
formaggio morbido (formaajjeeo mohrbeedo)
Cosa avete? (Cohsa avayte?)
tutto quello che vuole (tootto cwayllo ce vwohle)
Ha sempre fame. (A saympre faame)
Ha una fame da lupo. (A oona faame da loopo)
La salumeria è all'angolo. (la saloomereea e allaangolo)
accanto al panificio (accaanto al paneefeecheeo)
di fronte al supermercato (dee frohnte al soopermercaato)
dietro all'edicola (deeaytro alledeecola)
dentro il cestino (dayntro eel chesteeno)
Ho fame! (O faame)
Ha bisogno? (A beesohnyo?)
Serve altro? (Sayrve aaltro?)
Basta così! (Baasta cosee!)

2. DOMANDE E RISPOSTE

Dov'è Giulio?
Where is Giulio?

È a casa di Anna.
He is at Anna's.

**Dove decidono di passare
la giornata Anna e Giulio?**
Where do Anna and Giulio
decide to spend the day?

Al mare.
At the shore.

Cosa sta facendo Anna?
What is Anna doing?

Sta preparando dei panini.
She is making some sandwiches.

A chi ha telefonato Anna?
Who has Anna called?

Ai suoi amici.
Her friends (lit. To her friends).

Vengono i Rossi?
Are the Rossis coming?

No, non possono venire.
No, they cannot come.

Chi viene allora?
Who is coming then?

**Vengono Giovanni e Luciana e
il fratello di Luciana, Luigi.**
Giovanni and Luciana and
Luciana's brother, Luigi, are
coming.

In quanti saranno?
How many of them are there?

Saranno in cinque.
There are going to be five of them.

Cosa ha comprato Anna?
What has Anna bought?

Ha comprato due polli arrosto.
She has bought two roast
chickens.

Cosa serve ad Anna?
What does Anna need?

**Le serve ancora del pane,
del formaggio e anche del
prosciutto crudo.**
She needs some more bread,
cheese and also some Parma ham.

Cosa serve da bere?
What do they need to drink?

**Del vino e una bottiglia di
aranciata.**
Some wine and a bottle of
orange juice.

Chi va a comprarli?
Who is going to buy them?

Ci va Giulio.
Giulio is going (there).

Quando partiranno?
When are they leaving?

Partiranno appena Giulio ritorna.
As soon as Giulio comes back.

Hai fame?
Are you hungry?

Sì, ho una fame da lupo!
Yes, I could eat a horse!

Ha bisogno?
Do you need anything?

**Sì, grazie. Ho bisogno di pane
e di formaggio.**
Yes, please. I need bread and
cheese.

**Quanti etti di prosciutto compra
Giulio?**
How many hundred grammes
of ham is Giulio buying?

Ne compra tre etti.
He is buying 300 grammes.

Quanti etti di formaggio compra?
How many hundred grams of
cheese is he buying?

Ne compra quattro etti in tutto.
He is buying four hundred grams
(of it) altogether.

Dov'è la salumeria?
Where is the delicatessen?

È all'angolo.
It is on the corner.

Dov'è il panificio?
Where is the bakery?

È accanto alla salumeria.
It is next to the delicatessen.

Dov'è il supermercato?
Where is the supermarket?

È di fronte alla salumeria.
It is opposite the delicatessen.

Cosa avete?
What do you have there?

Tutto quello che vuole.
Everything that you could want.

Prendi qualcosa da bere al bar?
Can I buy you a drink at the bar?

Sì, grazie, prendo una birra.
Yes, please, I will have a beer.

Serve altro?
Do you need anything else?

Basta così, grazie.
No, thanks, that's everything.

**Dove compri il formaggio e
il prosciutto?**
Where do you buy cheese
and ham?

In salumeria.
At the delicatessen.

Dove compri il pane?
Where do you buy bread?

Al panificio.
At the bakery.

Dove compri il giornale?
Where do you buy the newspaper?

In edicola.
At the newsstand.

Dove compri la carne e i polli?
Where do you buy meat
and chicken?

In macelleria.
At the butcher's.

**Dove compri le cartoline
e i francobolli?**
Where do you buy postcards
and stamps?

In tabaccheria.
At the tobacconist's.

3. ADESSO RICORDA . . .

COME SI DICE?

What do we need?	**Cosa serve?/Di che cosa abbiamo bisogno?**
What is there to eat?	**Cosa c'è da mangiare?**
What is there to drink?	**Cosa c'è da bere?**
I am hungry.	**Ho fame.**
I am thirsty.	**Ho sete.**
A warm summer day.	**Una calda giornata estiva.**
We want to spend the day at the shore.	**Vogliamo passare la giornata al mare.**
I am making some sandwiches.	**Sto preparando dei panini.**
Who is coming with us?	**Chi viene con noi?**
They cannot come.	**Non possono venire.**
She is bringing her brother along.	**Porta anche suo fratello.**
I need some more bread.	**Mi serve ancora del pane.**
We need some cheese and some ham.	**Ci servono dei formaggi e del prosciutto.**
I will buy you a drink.	**Ti offro qualcosa da bere.**
Everything you want.	**Tutto quello che vuole.**
That is enough, thank you!	**Basta così, grazie.**

4. GRAMMATICA

HAI NOTATO ...

Did you notice this expression at the beginning of the dialog?

Anna *sta preparando* **dei panini.**
Anna is making some sandwiches.

In English there are two clearly distinguished ways of expressing the present:

1. the simple present used for habitual actions

   I play tennis on Mondays
   gioco a tennis tutti i lunedì (but not now)

2. the continuous present to express what is happening at this very moment:

   I am playing tennis now
   gioco a tennis adesso/*sto giocando* **a tennis adesso**

In Italian the continuous form can be expressed both by the simple present or by the verb **stare** + gerund.

The gerund is formed by adding -**ando** to the stem of -**are** verbs, and -**endo** to the stem of -**ere** and -**ire** verbs.

In general the verb **stare** + gerund is used to give special emphasis to the idea of present action, but never to express the idea of future as the "going to" form in English.

stare - *to be*, (also, *to stay, to reside*)	
sto preparando	I am preparing
stai giocando	you are playing
sta parlando	he/she is speaking (or you are speaking)
stiamo uscendo	we are going out
state partendo	you are leaving
stanno lavorando	they are working

FUTURE

Did you notice these expressions?

Domenica prossima voglio andare al mare - **andrò** al mare.
Il pacco **ci metterà** almeno due settimane per arrivare in Australia.
Saremo in cinque.
Partiremo appena ritorno.

The verbs **andrò, ci metterà, saremo** and **partiremo** are all in the future tense.

In Italian the future is *mostly* expressed by the present tense:

Questa sera andiamo a fare una passeggiata. This evening we are going for a walk.
Domenica prossima partiamo per il mare. Next Sunday we are leaving for the shore.

But the future is used:

1. to contrast the present tense with a more distant future

Non andiamo oggi al mare, ci andremo domenica prossima.
We are not going to the shore today, we are going next Sunday.

2. to imply a possibility which may happen in the present or in the near future

Vengono anche loro, così saremo in cinque.
They are also coming, so there are going to be five of us.

Vado a prendere Anna, sarà pronta.
I'll go and fetch Anna. She must be ready.

Questa macchina sarà un po' vecchia, ma funziona bene.
This car may be old, but it goes well.

The future of the verbs **essere** and **avere** are irregular:

essere	avere
sarò	avrò
sarai	avrai
sarà	avrà
saremo	avremo
sarete	avrete
saranno	avranno

THE FUTURE FORM OF REGULAR VERBS

For verbs like **prendere** and **finire**, this is formed using the infinitive, replacing the -e at the end of the infinitive form with the endings -ò, -ai, -à, -emo, -ete, -anno.

For verbs ending in -**are**, such as **mandare**, the **a** in the infinitive endings changes to an e. So the future endings -ò, -ai, -à, -emo, -ete, -anno are then added to the stem **mander-** and **parler-**, and so on.

mandare	prendere	finire
manderò	prenderò	finirò
manderai	prenderai	finirai
manderà	prenderà	finirà
manderemo	prenderemo	finiremo
manderete	prenderete	finirete
manderanno	prenderanno	finiranno

Manderò un pacco a mio fratello.
Prenderò l'autobus.
Finirò questo lavoro domani.

Manderai un pacco a tuo fratello.
Prenderai l'autobus.
Finirai questo lavoro.

Manderà un pacco a suo fratello.
Prenderà l'autobus.
Finirà questo lavoro.

Manderemo un pacco ai nostri parenti.
Prenderemo l'autobus.
Finiremo questo lavoro domani.

Manderete un pacco.
Prenderete l'autobus.
Finirete questo lavoro.

Manderanno un pacco.
Prenderanno l'autobus.
Finiranno questo lavoro.

Here are some more common verbs with irregular future forms:

andare	andrò
dare	darò
dovere	dovrò
potere	potrò
volere	vorrò
rimanere	rimarrò
sapere	saprò
tenere	terrò
vedere	vedrò
venire	verrò
fare	farò

IL VOCABOLARIO

passare/trascorrere: to spend
funzionare: to go, to work (of a machine, of an engine)
giocare: to play
aver fame: to be hungry
avere una fame da lupo: to be famished
avere sete: to be thirsty
avere bisogno di: to need, to want, to be in need of
bisogno: need, necessity
servire: to serve, to need (used impersonally)
stare: to stay, to reside, to be
angolo: corner
all'angolo/dietro l'angolo: on the corner, behind the corner
giornale: newspaper
bandiera: flag
occhio (pl. occhi): eyes
capelli: hair

colazione al sacco: picnic lunch
lista della spesa: shopping list
salame: salami
sottaceti : pickles

burro: butter
riso: rice
formaggio dolce: mild cheese
formaggio morbido: soft cheese
biscotti: cookies
uovo (plur. uova): egg
pollo: chicken
cestino : basket
prosciutto cotto: cooked ham
bevande alcooliche: alcoholic drinks
bevande non alcooliche: soft drinks
aranciata: orange juice
carne: meat
non grasso: not too fat
magro: lean
mezzo chilo: half kilo
chilo (pl. chili): kilo
litro (pl. litri): litre
un etto (pl. etti): a hundred grams

Ha bisogno?: do you need anything?
Non c'è bisogno: there is no need

negozio di alimentari: grocer's store
negozio di frutta e verdura: vegetable grocers's
panificio : bakery
tabaccaio: tobacconist's
salumeria: delicatessen
edicola: newsstand
tintoria: dry cleaner's
macelleria: butcher's
frigorifero: refrigerator, fridge
biblioteca: library
dogana : customs
festa: party

dentro: inside
accanto: next to
di fronte a: opposite
dietro: behind
davanti: in front of

ESERCIZI

1. *CHANGE THE VERBS FROM THE SIMPLE PRESENT TO* **STARE** +
   GERUND, AND REPLACE THE NOUN IN ITALICS WITH A
   PRONOUN OR **CI** *(THERE) WHERE APPROPRIATE:*

Ex:
Faccio *le valige* - **Le** sto facendo
Andiamo *al supermercato* - **Ci** stiamo andando

1. Anna prepara *il pranzo* -

2. Cerchiamo *i nostri nomi* nella lista -

3. Metti *i vestiti* nella valigia -

4. La segretaria scrive *le lettere* -

5. Paul legge *un libro* -

6. Noi prepariamo *la colazione* -

7. Anna e i suoi amici bevono *un caffè* -

8. Tu e Paul mangiate *un panino* -

9. Mandiamo *dei fax* ai clienti -

10. Studio *la lezione* -

11. Telefono *ai miei amici* -

12. Scrivo *a Anna* -

13. Mettono *la colazione* nel cestino -

14. Andate *in salumeria* -

15. Vado a *fare la spesa* -

16. Compri *una camicia* -

17. Prendi *il treno* per Milano -

2. *ANSWER THE QUESTIONS USING THE FUTURE TENSE AND REPLACING **OGGI** (TODAY) WITH **DOMANI** (TOMORROW), **QUESTA SETTIMANA** (THIS WEEK): WITH **LA PROSSIMA SETTIMANA** (NEXT WEEK), AND **QUESTO FINE SETTIMANA** (THIS WEEKEND) WITH **IL PROSSIMO FINE SETTIMANA** (NEXT WEEKEND).*
*REPLACE THE WORDS IN ITALICS WITH THE APPROPRIATE OBJECT PRONOUNS OR **CI** (THERE) WHERE NECESSARY.*

Ex:

Partite *oggi*? No, partiremo **domani**.
Incontri *Paul* questa settimana? No, **lo** incontrerò **la prossima settimana**.
Andate *al mare* questo fine settimana? No, ci andremo **il prossimo fine settimana**.

1. Vedi Anna questo fine settimana? No, _____

2. Andate *a teatro* oggi? No, _____

3. Sei *a casa* questo fine settimana? No, _____

4. Spedisci *il pacco* oggi? No, _____

5. Ritorni *a Milano* questa settimana? No, _____

6. Hai *una vacanza* questa settimana? No, _____

7. Incontrate *gli studenti* oggi? No, _____

8. Avete *la lezione di italiano* oggi? No, _____

9. Viene Giulio *a Milano* questo fine settimana? No, _____

10. Siete in vacanza oggi? No, _____

11. Fai una visita *a Carla* oggi? No, _____

12. Andate *in montagna a sciare* questo fine settimana? No, _____

13. Invitate *le ragazze* a pranzo questa settimana? No, _____

14. Parti per il mare questa settimana? No, _____

*3 (a). ANNA TELLS YOU SHE HASN'T GOT ENOUGH OF WHATEVER
SHE NEEDS. ASK HOW MUCH SHE NEEDS, USING THE
EXPRESSION **AVERE BISOGNO DI**. THEN GIVE ANNA'S
ANSWER. USE THE EXAMPLES AS A GUIDE.*

Ex:

Non c'è abbastanza formaggio. (*200 grams*)
Di quanto formaggio hai bisogno?
Ho bisogno di due etti di formaggio.
Non ci sono abbastanza banane. *(a kilo/half a kilo)*
Di quante banane hai bisogno?
Ho bisogno di un chilo/mezzo chilo di banane.

1. Non c'è abbastanza latte.

2. Non c'è abbastanza prosciutto crudo.

3. Non c'è abbastanza carne.

4. Non c'è abbastanza pane.

5. Non c'è abbastanza caffè.

6. Non c'è abbastanza vino.

7. Non ci sono abbastanza mele.

8. Non ci sono abbastanza spaghetti.

*3 (b). NOW REPEAT THE QUESTIONS AND ANSWERS IN 3 (A) USING
THE VERB **SERVIRE** AND **TI** (TO YOU) IN THE QUESTIONS AND
ME (TO ME)+ **NE** IN THE ANSWERS, FOLLOWING THE
EXAMPLES.
NOTE THAT THE VERB **SERVIRE** IN THIS CONSTRUCTION
BEHAVES LIKE **PIACERE**:
**MI PIACE IL FORMAGGIO/MI PIACCIONO I FORMAGGI. A
MARIA NON PIACE IL FORMAGGIO/NON LE PIACCIONO I
FORMAGGI.***

Ex:

Non c'è abbastanza formaggio.
Quanto formaggio ti serve?
Me ne servono due etti.

Non ci sono abbastanza banane.
Quante banane ti servono?
Me ne serve un chilo.

RIVEDIAMO LE LEZIONI DA 7 A 11
LET'S REVIEW THE LESSONS FROM 7 TO 11

Lezione 7 AL BAR

Il cameriere Buongiorno, desiderate qualcosa?

Giulio Sì, grazie. Mi porta un cappuccino e un cornetto per piacere?

Il cameriere Certamente! E la signorina cosa prende?

Anna Prendo un tè al limone e un dolce. Che tipo di dolci avete?

Il cameriere Abbiamo una buona torta di mele oppure delle paste con fragole e panna.

Anna Beh, preferisco la torta di mele. Mi porta una fetta di torta per piacere.

Il cameriere Nient'altro?

Giulio Niente, grazie. Anna, usciamo insieme questo pomeriggio?

Anna Mi dispiace, ma ho molto da fare. Domani ho un appuntamento con dei clienti importanti e devo preparare il programma per un loro convegno.

Giulio Che peccato! Volevo portarti un po' in giro per Roma. Ma possiamo vederci lo stesso sul tardi e cenare insieme. Che ne pensi?

Anna È un'idea splendida! Così mi rilasso un po' almeno la domenica!

Giulio A che ora ci vediamo allora?

Anna	Vieni a prendermi stasera a casa alle 7. Sarò pronta.
Giulio	Bene! Oh, ecco il cameriere con le nostre ordinazioni.
	Il tè è per la signorina e il cappuccino è per me, grazie.
	Mi porta anche il conto?
Il cameriere	Ecco il conto! Vuole pagare adesso?
Giulio	Si, grazie. Quant'è?
Il cameriere	Sono undicimila e cinquecento lire.
Giulio	Ecco a Lei dodicimila. Tenga pure il resto!

Lezione 8 UNA PRENOTAZIONE

Il portiere	Buongiorno, mi dica?
Marco Valli	Buongiorno. Ho una prenotazione a partire da oggi.
Il portiere	Che nome, prego?
Marco Valli	Valli, Marco Valli.
Il portiere	Attenda un momento, . . . mi faccia controllare. No, non trovo nessun signor Valli prenotato qui.
Marco Valli	Come mai? Ho mandato un fax da Milano per prenotare la stanza e voi mi avete confermato la prenotazione
Il portiere	Quando ha prenotato?
Marco Valli	Circa un mese fa.
Il portiere	Ah sì, ecco ho trovato! Una prenotazione per una singola con bagno per una settimana.
Marco Valli	Bene, meno male!
Il portiere	Ecco, è la stanza 407 al quarto piano. Questa è la sua chiave.
Marco Valli	Grazie. Dov'è l'ascensore?
Il portiere	È a destra. Mi lascia anche un documento, per piacere?
Marco Valli	Certamente, ecco il passaporto!
Marco Valli	Mi può dire a che ora è la colazione?
Il portiere	La colazione è servita dalle 7 alle 9,30 nella sala da pranzo al primo piano.
Marco Valli	E senta. Posso avere la sveglia domani mattina?
Il portiere	Certo. A che ora?
Marco Valli	Alle sette e mezza.
Il portiere	Alle sette e mezza, stanza 407.
Marco Valli	Perfetto! Grazie e arrivederci!
Il portiere	Prego. ArrivederLa!

Lezione 9 ALL'UFFICIO POSTALE

Paul	Può darmi dei francobolli per queste lettere e per questa cartolina postale?
L'impiegato	Sono per l'Italia?
Paul	Beh, guardi . . . una lettera è per gli Stati Uniti. L'altra lettera è per l'Inghilterra e la cartolina è per l'Italia.
L'impiegato	Ti piace scrivere, eh! Allora vediamo . . . questi sono i francobolli per la tua lettera degli Stati Uniti e questi sono i francobolli per l'Europa, inclusa l'Italia.
Paul	Grazie. Senta, dovrei spedire anche questo pacchetto. È per l'Australia. È possibile mandarlo via aerea? Quanto ci mette?
L'impiegato	Sì certo, ma ci metterà almeno due settimane.
Paul	Va bene. Eccolo! Può pesarlo?
L'impiegato	Sì, pesa ottocento grammi. Ti costa sulle ventimila lire. E devi compilare anche questo modulo.
Paul	Grazie. Cosa devo scrivere qui?
L'impiegato	Scrivi il nome e l'indirizzo del mittente e del destinatario. Poi su questa riga il contenuto del pacco e il suo valore approssimativo
Paul	Ecco fatto! Spero che sia leggibile!
L'impiegato	Vediamo. Sì, può andare.
Paul	Quant'è con i francobolli?
L'impiegato	Sono ventitremila e seicentocinquanta lire in tutto. Se hai degli spiccioli è meglio, perchè non ho resto.
Paul	Si, ce li ho. Eccoli!

Lezione 10 CHE TEMPO FA?

Il professor Valli	Come ti trovi a Milano, Paul?
Paul	Mi trovo molto bene. Il corso è interessante e mi diverto anche molto.
Il prof. Valli	Mi fa piacere. E cosa fai nel tempo libero?
Paul	Visito mostre e fiere campionarie. C'è sempre qualche cosa di nuovo da vedere. Mi piace anche passeggiare in centro è pieno di negozi belli ed eleganti.
Il prof. Valli	Ma com'è il tempo a Milano? Certo non è sempre così bello. Oggi è una giornata eccezionale con il sole e il cielo azzurro, ma so che di solito c'è molta nebbia.

Paul	È vero, ma non mi importa. Mi metto l'impermeabile e una sciarpa attorno al collo e vado in giro lo stesso.
Il prof. Valli	Dove vai per i fine settimana?
Paul	Qualche volta prendo il treno e vado a Venezia o in montagna a sciare. Da qui è facile raggiungere bei posti di montagna per fare degli sport invernali. E poi i treni sono così comodi ed economici!
Il prof. Valli	Io invece preferisco il mare. Domenica prossima, se il tempo è bello, voglio andare a Portofino a godermi il bel sole e il bel mare della Riviera.
Paul	Fa bene professore. Si diverta e buona domenica!

Lezione 11 DI CHE COSA ABBIAMO BISOGNO?

Giulio	Anna, hai telefonato ai tuoi amici? Chi viene con noi?
Anna	Ho telefonato ieri sera ai Rossi, ma non possono venire. Vengono invece Giovanni e Luciana, e portano anche il fratello di Luciana, Luigi. Saremo in cinque.
Giulio	Bene. Di che cosa abbiamo bisogno allora per la colazione al sacco?
Anna	Loro portano dei dolci. Io ho comprato dei polli arrosto e adesso sto preparando dei panini. Ma mi serve ancora del pane e del formaggio, e anche un po' di prosciutto crudo per i panini. Luigi è un ragazzino e ha sempre una fame da lupo.
Giulio	Allora vado io a comprarli. C'è una salumeria o un supermercato qui vicino?
Anna	Sì, guarda. La salumeria è all'angolo e accanto c'è un panificio. Puoi comprare anche qualche cosa da bere? Del vino e una bottiglia d'aranciata. Il supermercato è di fronte alla salumeria.
Giulio	Vado allora. Tu intanto puoi mettere tutto dentro il cestino. Partiremo appena ritorno.

In salumeria:

Giulio	Mi dà tre etti di prosciutto crudo, tagliato sottile, e tre etti di formaggio per piacere?
Il salumiere	Certamente. Che formaggio desidera?
Giulio	Cosa avete?
Il salumiere	Tutto quello che vuole. Formaggio dolce, gorgonzola, fontina, Bel Paese, Emmental svizzero, mozzarella, stracchino, parmigiano . . .

Giulio	Mi dà due etti di fontina e due di Bel Paese e anche una mozzarella morbida, grazie.
Il salumiere	Basta così?
Giulio	Sì grazie, basta!

After you have read the dialogs and reviewed the grammar points, the the review test which follows.

TEST DI REVISIONE

1. *FILL IN THE GAPS WITH THE APPROPRIATE POSSESSIVE ADJECTIVE:*

1. Quella è la casa dei Rossi, è ____ ____ casa.

2. Vado alla festa di Maria, vado alla ____ festa.

3. Giulio ha comprato una macchina nuova, quella è ____ ____ macchina.

4. Gli studenti studiano sui ____ libri.

5. Ti regalo dei fiori, questi sono ____ ____ fiori.

6. Vi ho portato delle rose, queste sono ____ ____ rose.

7. Mi dai un regalo, questo è ____ ____ regalo.

8. Ci sono delle penne per noi e per voi, queste sono ____ ____ penne e quelle sono ____ ____ .

2. *CARLA AND MARCO VALLI HAVE THREE CHILDREN, AND MARCO'S BROTHER ROBERTO, WHO LIVES IN MELBOURNE, HAS FOUR.*

Carla & Marco Valli   Julia & Roberto Valli

Gabriella Marcello Cecilia   Massimo Nicola Andrea Lisa

Fill in the gaps below indicating the relationship of the various family members. Insert the appropriate possessive adjective where necessary.

Ex:
Cecilia è *la sorella* di Gabriella e Marcello, è *la loro sorella*.

1. Gabriella, Marcello e Cecilia sono ____ ____ di Roberto e Julia Valli, sono ____ ____ ____

2. Carla è ____ ____ di Roberto Valli

3. Marcello è ____ ____ di Carla e Marco Valli, è ____ ____ ____

4. Lisa è ____ ____ di Carla e Marco Valli, è ____ ____ ____

5. Gabriella, Marcello e Cecilia sono ____ ____ di Massimo, Nicola, Andrea e Lisa

6. Nicola, Andrea e Massimo sono ____ ____ di Lisa, sono ____ ____ ____

7. Julia e Roberto Valli sono ____ ____ di Gabriella, Marcello e Cecilia, sono ____ ____ ____

8. Marcello è ____ ____ di Julia e Roberto Valli, è ____ ____ ____

9. Roberto Valli è ____ ____ di Carla Valli

10. Julia e Carla sono ____

11. Marco e Roberto sono ____

12. Cecilia e Gabriella sono ____ ____ di Massimo, sono ____ ____ ____

13. Marcello è ____ ____ di Massimo, Nicola, Andrea e Lisa, è ____ ____ ____

3. ANSWER THE FOLLOWING QUESTIONS USING *LO, LA, LI, LE, NE, CI*. REMEMBER THAT THEY CAN BE ATTACHED TO THE END OF THE VERB WHEN IT IS IN THE INFINITIVE

Ex:
Prendi *questo libro*? Sì, *lo* prendo.
Vuoi prendere *questo libro*? Sì, voglio prender*lo*.
Quanti libri vuoi prendere? *Ne* voglio prendere due - voglio prender*ne* due.
Quante volte vai *in biblioteca* ? *Ci* vado ogni giorno.

1. Vuoi comprare *un giornale*?

2. Vedi *quelle riviste*?

3. Conosci *questi studenti*?

4. Volete conoscere *quella ragazza*?

5. Saluti *il tuo amico*?

6. Guardi *la televisione* dopo cena?

7. Capisci *l'italiano*?

8. Volete ascoltare *i miei dischi*?

9. *Quanti caffè* bevi ogni giorno?

10. Quante volte vai *a teatro* ogni mese?

11. *Quante città italiane* vuoi visitare?

12. *Quanti esercizi* devi fare?

13. *Quante lingue* sai parlare?

14. Devi leggere *dei libri*?

15. Comprate *delle rose*?

16. *Quanti quaderni* comprate?

17. Incontri *le tue amiche*?

18. Devi scrivere *molte lettere*?

4. CHANGE THE VERBS IN ITALICS (A) INTO **STARE** + GERUND AND (B) INTO THE FUTURE TENSE.

Ex:
Vado a comprare un libro.
Sto andando a comprare un libro.
Andrò a comprare un libro.

1. I miei studenti *vengono* a cena a casa mia -

2. *Leggiamo* un libro molto interessante -

3. *Compro* dei fiori per te -

4. *Mando* una cartolina alle mie amiche -

5. *Guardo* la televisione -

6. *Ritorniamo* a casa -

7. La mamma *prepara* i panini per la colazione -

8. *Finisco* questo lavoro -

9. *Facciamo* la spesa -

10. *Portate* dei libri a casa -

11. *Veniamo* a trovarti -

12. *Scrivete* delle lettere ai vostri clienti -

5. GIVE THE OPPOSITE OF EACH OF THE FOLLOWING:

caldo ____	bianco ____
vuoto ____	poco ____
vecchio ____	brutto ____
economico ____	bene ____

6. *HERE IS A LIST OF EXPRESSIONS USING **MOLTO, POCO, TROPPO**, AND **NIENTE** WITH **DA**+INFINITIVE. INSERT THEM IN THE MOST SUITABLE SENTENCES BELOW, USING THEM EACH EXPRESSION ONCE ONLY:*

Ex: *niente da dirgli*
Lo conosco poco, non ho *niente da dirgli*

troppo da fare
poco da mangiare
molto da leggere
niente da dichiarare
molto da comprare
molto da vedere
niente da mettermi
molto da raccontarle

1. Nel frigorifero c'è _____

2. Alla dogana non ho _____

3. Prima di un viaggio sono sempre molto impegnata, ho _____

4. In biblioteca c'è _____

5. In un museo c'è _____

6. Al supermercato c'è _____

7. Per la festa di stasera non ho _____

8. Non la vedo da tanto tempo, ho _____

7. *NOW ANSWER THESE QUESTIONS:*

1. Dove compri i formaggi e il prosciutto?

2. Dove compri il pane?

3. Dove compri il giornale?

4. Dove compri le cartoline e i francobolli?

5. Qual è la tua lista della spesa?

6. Di che colore è il cielo quando è sereno e quando è nuvoloso?

7. Di che colore è la neve?

8. Di che colore sono i tuoi pantaloni?

9. Di che colore è il tuo vestito?

10. Di che colore sono le tue scarpe?

11. Di che colore è la tua camicia?

12. Di che colore sono le tue calze?

13. Di che colore è il tuo pullover?

14. Di che colore sono i tuoi occhi e i tuoi capelli?

15. Di che colore è la tua bandiera?

16. Qual è il tuo colore preferito?

MI INDICA LA STRADA?
CAN YOU SHOW ME THE WAY?

Una turista, amica di Paul, è venuta a Milano. Non riesce a trovare la strada che cerca, e chiede indicazioni a un vigile.

A female tourist, Paul's friend, has come to visit him in Milan. She cannot find the street she is looking for, and she asks a traffic warden for directions.

La turista   **Scusi, senta . . .**
        Excuse me . . .

Il vigile   **Sì? dica**
        Yes?

La turista   **Vorrei andare al Museo di Brera. Mi indica la strada per favore?**
        I would like to go to the Brera museum. Can you show me the way, please?

Il vigile   **Certo, signorina. Allora vediamo . . .vada a piazza Duomo. A sinistra del Duomo c'è la Galleria. Entri in Galleria e la percorra, si troverà a Piazza della Scala. A destra del teatro La Scala c'è Via Brera. Dopo cento metri, alla sua destra, troverà il museo**
        Certainly, madam. Let's see . . . go to Piazza Duomo. On the left of the Cathedral there is the Gallery. Go into the Gallery and walk through it; you will be in Piazza della Scala. On the right of La Scala theater is Via Brera. After a hundred meters, on your right, you will find the museum.

La turista	Bene, grazie, penso di aver capito. Allora attraverso la Galleria e a destra del teatro trovo la Via Brera. Ma come faccio ad arrivare a Piazza Duomo da qui? È lontano?
	Good, thanks, I think I have understood. So I walk through the Gallery and on the right of the theater I will find Via Brera. But how do I get to Piazza Duomo from here? Is it far?
Il vigile	Beh . . . è una bella passeggiata! Se vuole può andare in metropolitana o con l'autobus.
	Well . . . it is quite a walk! If you want you can take the subway or the bus.
La turista	No, preferisco camminare. Quanto è distante a piedi?
	No, I prefer walking. How far is it on foot?
Il vigile	Saranno circa seicento metri. Deve andare diritto per Corso Venezia fino a raggiungere Piazza S. Babila. Poi attraversi la piazza e imbocchi Corso Vittorio Emanuele. Salga per il Corso e vedrà alla sua sinistra il Duomo e alla sua destra la Galleria.
	It is about 600 meters. You have to go straight along the Corso Venezia as far as Piazza S. Babila. Then cross the square and turn into Corso Vittorio Emanuele. Go straight up the Corso and you will see the Duomo on your left and the Gallery on your right.
La turista	Allora vado diritto fino a S.Babila e poi giro per Corso Vittorio Emanuele e così arrivo al Duomo. È giusto?
	So I go straight as far as S. Babila, then I turn into Corso Vittorio Emanuele and I arrive at the Duomo. Is that right?
Il vigile	Giustissimo, signorina. Buona passeggiata!
	Absolutely right, madam. Have a nice walk!

1. LEGGI E RIPETI

Può indicarmi la strada? (Pwo eendeecaarmee la straada?)
Mi indica la strada? (Mee eendeeca la straada?)
È venuta a trovarlo. (E venoota a trovaarlo)
Sono venuto a trovarLa (formal). (Sohno venooto a trovaarla)
Non riesco a trovare la strada. (Non reeaysco a trovaare la straada)
Sto cercando il museo. (Stoh chercaando eel moosayo)
Sto cercando una farmacia/un supermercato. (Stoh chercaando oona
  farmacheea/oon soopermercaato)

Sto cercando un vigile. (Stoh chercaando oon veejeele)
Penso di aver capito. (Paynso di avayer capeeto)
Non ho capito, può ripetere? (Non ho capeeto, pwo reepaytere?)
È una bella passeggiata! (E oona baylla passejjaata!)
Buona passeggiata! (Bwohna passejjaata!)
Preferisco camminare. (Prefereesco cammeenaare)
Vado avanti diritto. (Vaado avaantee deereetto)
Giro a destra. (Geero a daystra)
Imbocco la prima a sinistra. (Eembohcco la preema a seeneestra)
Attraverso la piazza. (Attravayrso la peeaatza)
È distante circa cento metri. (E deestaante cheerca chaynto maytri)
Raggiungo la piazza. (Rajjoongo la peeaatza)
Vado fino alla piazza. (Vaado feeno aalla peeaatza)
Posso andare a piedi o in macchina. (Pohsso aandaare a peeaydee o
  in maacceena?)

2. DOMANDE E RISPOSTE

È lontano?
Is it far?

No, non è lontano. È qui vicino.
No, it's not far. It is nearby.

Quanto ci si mette a piedi?
How long does it take on foot?

Ci si mettono venti minuti circa.
It takes about twenty minutes.

**E quanto ci vuole in
metropolitana?**
How long does it take on the
subway?

Ci vogliono solo dieci minuti.
It takes only ten minutes.

Quanto è distante?
How far is it?

Saranno circa seicento metri.
It is about 600 meters.

**Come faccio ad arrivare alla
Piazza/alla Stazione?**
How do I get to the square/the
station?

Vada sempre avanti diritto.
Go straight on.

**Vuole camminare o prendere
l'autobus?**
Do you want to walk or take
the bus?

Preferisco camminare.
I prefer walking.

**Devo continuare/andare diritto
o girare?**
Do I have to go straight on
or turn?

Vada/continui diritto.
Go straight on.

| Devo girare a destra o a sinistra? | Giri alla seconda traversa a destra. |
| Do I have to turn right or left? | Take the second turning on the right. |

| Devo imboccare la prima o la seconda traversa? | Imbocchi/prenda la prima a sinistra. |
| Do I have to take the first or the second turning? | Take the first turning on the left. |

| È questa la strada per il museo? | No, è quella. |
| Is this the way to the museum? | No, it's that way. |

| È questa la strada giusta per andare alla stazione/all'aereoporto? | Sì, giustissima, segua le indicazioni stradali. |
| Is this the right way to get to the station/the airport? | Yes, absolutely, follow the street signs. |

| È giusto? | Giustissimo! |
| Is it right? | Yes, absolutely right! |

3. ADESSO RICORDA . . .

COME SI DICE?

Can you show me the way, please?	Mi indica/Può indicarmi la strada, per favore?
I would like to go to the museum.	Vorrei andare al museo.
Go straight on.	Vada avanti diritto/continui diritto.
Turn right.	Giri a destra.
Take the first turning on the left.	Prenda/imbocchi la prima traversa a sinistra.
Walk through the gallery.	Percorra la galleria.
Cross the square.	Attraversi la piazza.
How far is it?	Quanto è distante?
How long does it take?	Quanto ci vuole?/quanto ci si mette?
Is it the right way?	È la strada giusta?
How can I get there?	Come faccio ad arrivare lì?/come faccio ad arrivarci?

Do I have to turn right or left?	Devo girare a destra o a sinistra?
Do I have to go straight on or turn?	Devo continuare/andare diritto o girare?
I prefer walking.	Preferisco camminare.
I didn't understand. Can you say it again?	Non ho capito, può ripetere?
Is it right? Is it so?	È giusto?/È così?
It's absolutely right!	È giustissimo!

4. GRAMMATICA

HAI NOTATO?

Dica, senta, porti, vada, entri, percorra, attraversi, salga, imbocchi are all forms of the present subjunctive, used when you want to express a polite command to people whom you would address as **Lei**. This is called the polite imperative.

The polite imperative is made in the following ways:

1. by adding **-i** to the stem of verbs ending in **-are**

port-are	port-i
mand-are	mand-i
attravers-are	attravers-i
imbocc-are	imbocc-hi
cerc-are	cerc-hi

You can use the polite imperative when you want to order something.

| **Mi porti un cappuccino.** | Bring me a cappuccino. |
| **Gli mandi questo pacco.** | Send this parcel to him. |

2. by adding **-a** to the stem of verbs ending in **-ere** or **-ire**

ved-ere	ved-a
sent-ire	sent-a
mett-ere	mett-a
percorr-ere	percorr-a

Note: Irregular verbs, even if they end in **-are** in the infinitive, form polite imperatives with **-a**

and-are	vad-a
f-are	facci-a

Note also that pronouns with polite imperatives usually precede the verb.

Mi dica. Tell me.
Lo faccia. Do it.
Mi scriva questa lettera. Write this letter for me.
Gli dia questo pacco. Give this parcel to him.

The negative is formed by placing **non** before the verb.

Non dica niente. Don't say anything.
Non faccia niente. Don't do anything.

The imperative can be avoided by using a question in the present tense. We saw an example of this in lesson 7.

Giulio asks the waiter:

Mi porta un cappuccino e un cornetto?
Can you bring me a cappuccino and a croissant?

instead of using the imperative
Mi porti un cappuccino e un cornetto!

Other examples of the two forms, using **dare** and **indicare**, are:

Mi dà un caffè macchiato?
Can you give me a coffee with milk? (*present tense*)

Mi dia un caffè macchiato!
Give me a coffee with milk! (*polite imperative*)

Mi indica la strada per il Duomo?
Can you show me the way to the Duomo? (*present tense*)
Mi indichi la strada per il Duomo!
Show me the way to the Duomo! (*polite imperative*)

IL VOCABOLARIO

indicazioni: directions
indicazioni stradali: street signs
indicare: to give directions, to show the way
girare: to turn
imboccare/prendere: to take
andare diritto/continuare diritto: to go straight ahead
attraversare: to cross
traversa: turning
percorrere: to walk/to go through

percorso: route, course
seguire: to follow
raggiungere: to reach, to get to
arrivare: to arrive
cercare: to look for
trovare: to find
riuscire: to be able, to manage, to succeed
salire: to go up
fermarsi: to stop (oneself)

a destra: right, on the right
a sinistra: left, on the left
attraverso: through, over
fino a: as far as
giusto : right
sbagliato: wrong
vicino: near
qui vicino: nearby
lontano/distante: far, far away

vigile urbano: traffic warden
autostrada: highway
semaforo: street lights
incrocio: crossroads, junction
circonvallazione: ring road
metro (pl. metri): meter
chilometro: kilometer
rondò: roundabout
mappa: map

ESERCIZI

1 (a). CHANGE THE FOLLOWING INTERROGATIVE SENTENCES INTO POLITE IMPERATIVE STATEMENTS

Ex:
Mi manda questo pacco? - **mi mandi questo pacco!**

1. Ci fa questo lavoro? -

2. Le manda questa lettera? -

3. Mi scrive questa informazione? -

4. Risponde al mio fax? -

5. Fa tutto il necessario? -

6. Mi dice la verità? -

7. Ci porta della birra? -

8. Ci serve la colazione in camera, alle 9? -

9. Mi dà la sveglia alle 8? -

10. Mi dà piu` tempo? -

11. Ci indica la strada? -

12. Mi mostra la mappa? -

13. Fa una passeggiata ogni mattina? -

14. Gira a sinistra? -

15. Va diritto per la galleria? -

16. Va fino alla piazza? -

17. Imbocca la prima traversa? -

18. Attraversa al semaforo? -

(b) *NOW CHANGE THE FOLLOWING FROM THE POLITE IMPERATIVE STATEMENT TO INTERROGATIVE SENTENCES WITH THE VERB IN THE PRESENT TENSE.*

Ex:
Mi porti una fetta di torta! - **mi porta una fetta di torta?**

1. Ci legga questo documento! -

2. Ci porti del vino e della birra! -

3. Mi scriva queste lettere! -

4. Gli mandi un fax! -

5. Le porti il pacco a casa! -

6. Mi dia il resto! -

7. Ci porti le valigie! -

8. Mi faccia un favore! -

9. Mi dica cosa ne pensa! -

10. Mi aspetti all'uscita! -

2. CHANGE THE NEGATIVE SENTENCES INTO POSITIVE IMPERATIVE ONES, USING THE POLITE IMPERATIVE.

Ex:

Lei non gira a sinistra - **giri a sinistra!**

1. Lei non lavora bene -

2. Lei non va diritto per la galleria -

3. Lei non legge il giornale -

4. Lei non scrive il fax -

5. Lei non imbocca la traversa giusta -

6. Lei non attraversa al semaforo -

7. Lei non dice il suo nome -

8. Lei non ci dà abbastanza tempo per finire questo lavoro -

9. Lei non fa tutto il necessario -

10. Lei non continua l'esercizio -

11. Lei non ci dice tutta la verità -

12. Lei non ci indica la strada giusta -

13. Lei non ci dà il resto -

14. Lei non ci porta da bere -

15. Lei non cammina a piedi -

16. Lei non cerca di ricordare -

17. Lei non si ferma all'incrocio -

3. READ THE DIALOG AGAIN AND WRITE A LIST OF THE VERBS WHICH ARE:

(a) in the present tense: **indica**

(b) in the future tense: **si troverà**

(c) in the polite imperative: **scusi**

The first verbs have been listed for you.

UNA CHIACCHIERATA
A CHAT

Questo pomeriggio Carla e Marco Valli sono venuti a trovare Anna Alberti, nel suo nuovo appartamento. Ci sono anche Paul e Giulio. I nostri amici sono seduti nel soggiorno e Anna serve il caffè a tutti.
This afternoon Carla and Marco Valli have come to visit Anna Alberti, in her new apartment. Paul and Giulio are there too. Our friends are sitting in the living room and Anna is serving coffee to everybody.

Anna	**Prendi ancora del caffè, Carla?** More coffee, Carla?
Carla	**Sì, grazie. Il caffè italiano è così buono!** Yes, please. Italian coffee is so good!
Anna	**Ma è anche molto forte. Per questo lo prendo sempre con una goccia di latte. E Lei, Marco, prende un po' di caffè?** But it is also very strong. That's why I always have a drop of milk in it. And you, Marco, will you have some coffee?

Marco	**No, grazie. Non ne prendo mai. Mi fa male!** No, thanks. I never have coffee. It's bad for me!
Anna	**Le preparo un tè allora. Prenda intanto una fetta di focaccia: è buona e croccante. Anche tu Paul, serviti. So che la focaccia ti piace. Tu Giulio, preferisci tè o caffè?** I will make you some tea, then. Have a slice of focaccia now: it is good and crunchy. And you too, Paul, help yourself. I know you like focaccia. Giulio, would you prefer tea or coffee?
Giulio	**Prendo il tè come il professor Valli, per questa volta.** I will have tea like professor Valli, this time.
Anna	**Questa è un'eccezione! Sapete Giulio è amante del caffè!** This is unusual! You know Giulio is fond of coffee!
Paul	**E Lei, professore, quanto tempo si ferma a Roma?** How long are you staying in Rome?
Marco	**Ci fermiamo ancora per due giorni, poi andremo a Firenze per una settimana. Da Firenze ripartiremo per Milano.** We are staying for two more days, then we will go to Florence for a week. From Florence we will go back to Milan.
Paul	**Ho sentito che avete fatto un lungo giro per l'Europa, non è vero?** I have heard that you have been on a long tour all over Europe, is that right?
Carla	**Sì, Marco ha voluto farmi visitare tutte le più belle città europee. Siamo stati a Parigi, Vienna, Londra. Siamo in vacanza da più di tre settimane ormai. Sono contenta di aver avuto anche l'opportunità di rivedere Anna.** Yes we have, Marco wanted to show me all the most beautiful European towns. We have been to Paris, Vienna and London. We have been on holiday for more than three weeks now. I am also glad to have had the opportunity of seeing Anna again.
Anna	**Voi siete sempre così gentili con me! Ma venite a vedere l'appartamento: è piccolo ma molto comodo.** You are always so kind to me! But come and look round my apartment: it's small but very comfortable.

Anna	(mostrando le stanze) **Accanto al soggiorno c'è la camera da letto con il bagno e una stanzetta che mi serve da studio. Ho dipinto tutto in giallo e blu perchè sono i miei colori preferiti.**
	(showing the rooms) Next to the living room there is a bedroom with a bathroom and a small room that I use as a studio. I have painted everything blue and yellow because they are my favorite colors.
Carla	**È tutto molto bello e allegro, anche l'arredamento. Ti sei fatta aiutare da un architetto?**
	Everything is very nice and bright, including the furniture. Have you had the help of an interior decorator?
Anna	**Sì, un po'. Ma soprattutto mi sono fidata del mio gusto. Ecco, questa è la cucina e di fronte c'e una stanza per gli ospiti.**
	Yes, a bit. But mostly I trusted my own taste. Here, this is the kitchen and opposite there is a spare bedroom.
Carla	**Complimenti, è un bell'appartamento! Chi sa, forse ritornerò presto a Roma per qualche lieto evento . . .**
	Congratulations, it's a nice apartment! Who knows, I might come back to Rome shortly for some happy event . . .

1. LEGGI E RIPETI

una chiacchierata (oona ceeacceeraata)
di passaggio (dee passaajjeeo)
il nuovo appartamento/un bell'appartamento (eel nwohvo appartamaynto/oon bellappartamaynto)
Siamo seduti nel soggiorno. (Seeaamo saydooti nel sojjohrno)
Anna serve il caffè/prepara il tè. (Anna sayrve eel caffe/prepaara eel te)
Prende ancora un po' di caffè? (praynde ancohra oon po dee caffe)
Il caffè italiano è così buono! (Eel caffe eetaleeaano e cosee bwohno!)
È anche molto forte! (E aance mohlto fohrte!)
Giorgio è amante del caffè. (Johrjeeo e amaante del caffe)
Prendo il caffè con una goccia di latte. (Prayndo eel caffe con oona gohcheea dee laatte)
Non lo prendo mai, mi fa male! (Non lo prayndo maaee, mee fa maale!)
Serviti di focaccia, è croccante! (Sayrveetee dee focaacheea, e croccaante)
So che la focaccia ti piace! (So che la focaacheea tee peeaache)

Prendo il tè, per questa volta! (Prayndo eel te, payr cwaysta vohlta)

Ci fermiamo a Roma per due giorni! (Chee fermeeaamo a Rohma per dooe johrnee)

Andremo a Firenze per una settimana! (Andraymo a Feerayntze per oona setteemaana)

Ripartiremo per Milano. (reeparteeraymo per Meelaano)

Abbiamo fatto un lungo giro per l'Europa! (Abbeeaamo faatto oon loongo jeero per layoorohpa!)

Abbiamo visitato tutte le più belle città d'Europa. (Abbeeaamo veeseetaato tootte le pyoo baylle cheetta dayoorohpa)

Siamo in vacanza da più di tre settimane. (Seeaamo een vacaantza da pyoo dee tre setteemaane)

Ho avuto l'opportunità di rivederla. (O avooto lopportoonita dee reevedayrla)

Ti/vi sono grata/o. (Tee/Vee sohno graata/o)

Sono contenta/o! (Sohno contaynta/o)

Non lo sapete? (non lo sapayte?)

Siete sempre molto gentili! (Seeayte saympre mohlto jenteelee)

Venite a vedere l'appartamento. (Veneete a vedayre lappartamaynto)

È piccolo ma comodo. (E peeccolo ma cohmodo)

La camera da letto è dipinta di giallo. (La caamera da laytto e deepeenta dee jaallo)

Sono i miei colori preferiti. (Sohno ee meeyee colohree prefereetee)

L'arredamento è allegro. (Larredamaynto e allaygro)

Mi sono fatta aiutare da un architetto. (Me sohno faatta ayootaare de oon arcitaytto)

Mi sono fidata del mio gusto. (Mee sohno feedaata del meeo goosto)

buon gusto/cattivo gusto (bwon goosto/catteevo goosto)

una stanza per gli ospiti (oona staantza per lyi ohspeetee)

Complimenti! (Compleemayntee!)

Chi sa? (Chee sa?)

qualche lieto evento (cwaalche leeayto evaynto)

2. DOMANDE E RISPOSTE

Prendi ancora del caffè?	Sì, grazie. È molto buono.
More coffee?	No, grazie. Basta così.
	Yes, please. It's very good.
	No, thanks. That's enough.
Facciamo una chiacchierata?	Sì, volentieri.
Shall we have a chat?	Mi dispiace, non ho tempo.
	Yes, with pleasure.
	I'm afraid I don't have the time.

Sei amante del caffè?	Sì, ma non posso prenderlo.
Are you fond of coffee?	**Mi fa male!**
	Yes, but I can't have it. It's bad
	for me!

| Ti piace la focaccia? | Sì, mi piace molto. È croccante. |
| Do you like focaccia? | Yes, I love it. It's crunchy. |

Quanto tempo sei stato a Milano?	Ci sono stato per tre anni, ma
How long did you stay in Milan?	**adesso abito a Boston.**
	I was there for three years,
	but now I live in Boston.

Da quanto tempo sei a Milano?	Ci sono da tre anni ormai.
How long have you been in Milan?	I have been here for three
	years now.

Quali città europee hanno	Sono stati a Parigi, Vienna e
visitato i Valli?	Londra.
Which European cities have	They have been to Paris, Vienna
the Valli visited?	and London.

Sono stati anche a Firenze?	No, non ci sono ancora stati.
Have they also been to Florence?	**Ci vanno fra due giorni.**
	No, they haven't yet. They will
	go there in two days' time.

Quanto tempo si fermano a	Si fermano solo due giorni.
Roma i Valli?	
How long are they staying	They are staying for only two
in Rome?	days.

Cosa faranno dopo?	Andranno a Firenze e da lì
What are they going to do next?	ripartiranno per Milano.
	They are going to Florence and
	from there they will fly back to
	Milano.

Quante stanze ci sono	Ce ne sono quattro, più cucina
nell'appartamento di Anna?	e bagno.
How many rooms are there in	There are four, plus kitchen and
Anna's apartment?	bathroom.

Quali sono?	Sono il soggiorno, la camera da
Which are they?	letto, lo studio e la stanza per
	gli ospiti.
	There's the living room, the
	bedroom, a study and the guest
	room.

Come ha dipinto l'appartamento Anna?	L'ha dipinto in giallo e blu.
How has Anna painted her apartment?	She has painted it yellow and blue.
Com'è l'arredamento?	È allegro.
What's the furniture like?	It's bright.
Ha buon gusto Anna?	Sì, ha molto buon gusto.
Does Anna have good taste?	Yes, she has very good taste.

3. ADESSO RICORDA . . .

COME SI DICE?

a drop of milk	una goccia di latte
I am fond of coffee	sono amante del caffè
It's bad for me.	Mi fa male.
It's good for you.	Ti fa bene.
How long are you staying here?	Quanto tempo si ferma qui?
I am staying here for two more days.	Mi fermo ancora per due giorni.
I have heard	ho sentito
a long tour all over Europe	un lungo giro per l'Europa
I am glad	sono contento/a
I have been in Italy for more than three weeks.	Sono in Italia da più di tre settimane.
I have been in Italy since last Sunday.	Sono in Italia da domenica scorsa.
I lived in Italy for three years and then I moved to Boston.	Ho abitato in Italia per tre anni e poi mi sono trasferito a Boston.
You are always so kind.	Sei/siete sempre così gentili.
It is small but comfortable.	È piccolo ma comodo.
the living room	il soggiorno
you have good taste	hai buon gusto
not yet	non ancora

4. GRAMMATICA

HAI NOTATO . . .

The verbs: **sono venuti** (venire), **sono seduti** (sedere), **avete fatto** (fare), **siamo stati** (essere), **ho dipinto** (dipingere) are all forms of the present perfect, which in Italian is called *passato prossimo*.

The Italian *passato prossimo* is formed with the present tense of the verbs **avere** or **essere** followed by the past participle.

> **Ho parlato**
> I have spoken
>
> **Sono arrivato**
> I have arrived

Note: The *passato prossimo* for **essere** and **avere** are as follows:

> **ho avuto**
> I have had
>
> **sono stato**
> I have been

Generally the *passato prossimo* is used where the present perfect tense is used in English: that is, when the consequence or interest of an action continues at the present moment.

Ho appena letto questo libro.
I have just read this book.

However, the *passato prossimo* is also used for past events which are completely finished, where in English the simple past would be used.

Quando ho letto il libro, l'ho trovato interessante.
When I read the book, I found it interesting.

Sono arrivato a Roma ieri.
I arrived in Rome yesterday.

To form the *passato prossimo*, you need to know how the past participle which follows **essere** or **avere** is formed:

-are verbs - stem + -ato	
compr-are	compr-ato
arriv-are	arriv-ato
-ere verbs - stem + -uto	
vend-ere	vend-uto
conosc-ere	conosci-uto
sed-ere	sed-uto
-ire verbs - stem + -ito	
fin-ire	fin-ito
usc-ire	usc-ito

Here are some examples of the *passato prossimo* of regular and irregular verbs in -**are**, -**ere** and -**ire**:

Io *ho studiato* l'italiano. (*studiare*)
Tu *hai letto* il libro. (*leggere*)
Anna *ha preparato* i panini. (*preparare*)
Giulio *ha mandato* dei fiori. (*mandare*)
Noi *abbiamo dipinto* la nostra stanza e *abbiamo finito* il nostro lavoro oggi. (*dipingere, finire*)
Tu e Giulio *avete incontrato* gli amici di Anna. (*incontrare*)
I tuoi amici *hanno visto* un bel film. (*vedere*)

Irregular verbs have special past participle forms which you should learn separately. Here are some of the most common:

dire	detto	mettere	messo
fare	fatto	venire	venuto
vedere	visto	rimanere	rimasto
leggere	letto	dipingere	dipinto
scrivere	scritto	dovere	dovuto
cuocere	cotto	potere	potuto
prendere	preso	volere	voluto

ESSERE O AVERE?

Most transitive verbs (verbs which are followed by a direct object) form the *passato prossimo* with **avere**, e.g. **ho visto un film**, whereas most intransitive verbs (verbs with no direct object) take **essere**.

In addition, many verbs of motion, like **arrivare, venire, andare, partire, entrare,** and **uscire,** form the *passato prossimo* with **essere**.

È appena arrivato. He has just arrived.
Carla e Marco sono venuti a Milano.
Carla e Marco have come to Milan.

Some verbs can be used both transitively and intransitively. So when the verb is transitive, the *passato prossimo* is formed with **avere**:

Il professor Valli **ha cominciato** la lezione alle 9 e **ha finito** alle 11.

But when the verb is used intransitively, **essere** is used:

La lezione **è cominciata** alle 9 e **è finita** alle 11.

AGREEMENT OF PARTICIPLES

Note that the past participle always ends in -o when the *passato prossimo* is formed with **avere**, but with **essere** the past participle must agree with the noun it refers to:

Giulio ha vist<u>o</u> un film.
Anna ha comprat<u>o</u> una valigia nuova.
I ragazzi hanno lett<u>o</u> il libro.
Le ragazze hanno fatt<u>o</u> i compiti.

but

Anna è uscit<u>a</u> da casa e è andat<u>a</u> in ufficio.
Giulio è venut<u>o</u> a Milano.
I ragazzi sono uscit<u>i</u> da casa e sono andat<u>i</u> a scuola.
Le ragazze sono arrivat<u>e</u> ieri.

However, when **avere** is used and the past participle has a *direct object pronoun before it*, the past participle then agrees with the pronoun.

Lo and **la** followed by **avere** often drop their vowel and take an apostrophe.

Hai comprato <u>la macchina</u>? Sì, <u>l'</u>ho comprat<u>a</u>.
Hai mandato <u>il pacco</u>? Sì, <u>l'</u>ho mandat<u>o</u>.
Hai invitato <u>le amiche</u> di Anna a cena? Sì, <u>le</u> ho invitat<u>e</u>.
Hai incontrato <u>i tuoi amici</u>? Sì, <u>li</u> ho incontrat<u>i</u>.

It is also possible to find the combined object pronouns before the **passato prossimo**. In this case the past participle also agrees with the direct object pronoun.

Hai scritto <u>la cartolina</u> a Paul? Sì, glie<u>l'</u>ho scritt<u>a</u>.
Hai comprato <u>il regalo</u> per Paul? Sì, glie<u>l'</u>ho comprat<u>o</u>.
Hai mandato <u>le lettere</u> ai clienti? Sì, glie<u>le</u> ho mandat<u>e</u>.
Hai spedito <u>i pacchi</u> a tuo fratello? Sì, glie<u>li</u> ho spedit<u>i</u>.
Hai portato a me questo <u>regalo</u>? Sì, te <u>l'</u>ho portat<u>o</u>.
Hai scritto a me questa <u>cartolina</u>? Sì te <u>l'</u>ho scritt<u>a</u>.
Hai portato a noi questi <u>libri</u>? Sì, ve <u>li</u> ho portat<u>i</u>.
Hai spedito a noi queste <u>lettere</u>? Sì, ve <u>le</u> ho spedit<u>e</u>.

SIAMO + DA, SIAMO RIMASTI + PER

The preposition **da**, followed by an expression of time, indicates the time that has passed since the beginning of an action. The verb is usually in the present, indicating that the action is continuing into the present time:

Studio l'italiano da due mesi.
I have been studying Italian for two months (you started two months ago and you are still studying it).

Da is translated as *for* or *since*

Lavoro qui da dieci anni.
I have worked here *for t*en years

Lavoro qui da lunedì.
I have been working here *since* Monday.

Compare the following sentences:

Siamo in Europa da più di tre settimane.
We have been in Europe for over three weeks.

Siamo rimasti in Europa per più di tre settimane.
We stayed in Europe for over three weeks.

In the second sentence the *passato prossimo* - **siamo rimasti** is followed by the preposition **per** and an expression of time, indicating the duration of an action in the past which is now finished .

In the first sentence the present tense: **siamo**, followed by **da** and an expression of time suggests that the action is still continuing.

Here are two more examples:

Ho lavorato qui per dieci anni.
I worked here for ten years (but now I have changed my job).

Lavoro qui da dieci anni.
I have worked here for ten years (and I am still working here).

IL VOCABOLARIO

smettere: to stop
dipingere: to paint
rimanere: to remain
camminare: to walk
fumare: to smoke
aiutare: to help
servirsi: to help oneself
cuocere: to cook
sedersi: to sit down
sedere: to be sitting, to be seated
mostrare : to show

fidarsi di: to trust
fare affidamento: to rely on
fare delle telefonate: to make telephone calls
trasferirsi: to move
scioperare: to strike
chiacchierare: to chat
essere a dieta: to be on a diet
essere in forma: to be in good shape, to be fit
fare bene: to be good for one
fare male: to be bad for one
essere amante di: to be fond of

chiacchierata: chat
appartamento: apartment
mappa: map
goccia: drop
focaccia: focaccia (an Italian flat bread)
croccante: crunchy
camera da letto: bed room
soggiorno: living room
stanza degli ospiti: guest/spare room
arredamento: furnishing
mobili: furniture
architetto d'interni: interior decorator
gusto: taste
non avere gusto: to have no taste
buon gusto: good taste
cattivo gusto: bad taste
bagno: bathroom
cucina: kitchen
studio: study
scrivania: desk
caminetto: fireplace
carta da parati: wallpaper
termosifone: radiator
televisore: television set
lampada: lamp
tavolo/tavolino: table/coffee table
tazza da tè: teacup
vaso: vase
quadro: picture
tende: drapes

grato: grateful

contento, lieto: glad, happy
gentile: kind
forte: strong
debole : weak
comodo: convenient, comfortable
scomodo: uncomfortable
pigro: lazy
efficiente: active, efficient
facile: easy
difficile: difficult
noioso: boring
allegro/vivace: bright
piccolo: small
lungo: long
preferito: favorite
opportunità: opportunity
evento: event
agenda: diary
direttore: manager
macchina fotografica: camera
fotografia: photograph
bicicletta: bicycle
giocattolo: toy
sottaceti: pickles
calze da uomo: socks (for men)
calze da donna: stockings (for women)
acqua minerale: mineral water
salsicce: sausages
salami: salami sausages
verdura (pl.verdure): vegetables
latte: milk
dieta: diet
sciopero: strike
rivista: magazine
non ancora: not yet
tra/fra: in, within
da: for, since
per: for
già/ ormai: already, by now
questa volta: this time
di fronte: opposite
più di: more than
improvvisamente/all'improvviso: suddenly

1. *AT THE SUPERMARKET THE SHOP ASSISTANT IS SHOWING YOU SOME GOODS. TELL HIM/HER YOU HAVE ALREADY BOUGHT THEM THIS MORNING.*
   ANSWER IN THE PASSATO PROSSIMO, PUTTING THE PERSONAL OBJECT PRONOUN OR THE COMBINED PRONOUNS IN FRONT OF THE VERB.
   REMEMBER TO MAKE THE PAST PARTICIPLE AGREE WITH THE DIRECT OBJECT PRONOUN!

Ex:
Ha comprato *il prosciutto*? Sì, **l'ho comprato** già stamattina.
Ha comprato *la borsa* a sua moglie? Sì, **gliel'ho** già **comprata** stamattina.

1. Ha comprato il pane?

2. Ha comprato la carne?

3. Ha comprato i sottaceti?

4. Ha comprato i salami?

5. Ha comprato una mozzarella?

6. Ha comprato la verdura?

7. Ha comprato il latte?

8. Ha comprato i formaggi?

9. Ha comprato l'acqua minerale (mineral water)?

10. Ha comprato le salsicce?

11. Ha comprato le calze a sua moglie?

12. Ha comprato il giornale a suo padre?

13. Ha comprato le riviste (magazines) a sua figlia?

14. Ha comprato la bicicletta (bike) a suo figlio?

15. Ha comprato la torta a sua madre?

16. Ha comprato i quaderni alle ragazze?

17. Ha comprato un giocattolo a suo figlio?

18. Ha comprato le giacche ai ragazzi?

2. FILL IN THE BLANKS USING EITHER **PER** OR **DA**, AS APPROPRIATE.

Ex:

Studia l'italiano **da** due anni e lo parla bene.

Ha studiato l'italiano **per** due anni prima di andare in Italia.

1. Studia all'Università _____ un anno.

2. Ha abitato a Londra _____ due anni, poi è tornato in Italia.

3. È sposato solo _____ due mesi.

4. Lavora in questo ufficio _____ due anni ed è sempre puntuale.

5. Ha lavorato a Roma _____ otto anni e poi si è trasferito a Milano.

6. Non vedo i miei figli _____ domenica scorsa.

7. Non lo vedo _____ più di tre mesi.

8. Non l'ho visto _____ tre anni, poi improvvisamente mi ha telefonato.

9. Sono stati sposati _____ dieci anni, poi si sono separati.

10. È in dieta _____ tre settimane e si sente in forma.

11. Ha fatto una dieta _____ un mese poi ha dovuto smettere (had to stop).

12. Gli operai hanno scioperato _____ tre giorni (**scioperare:** to be on strike).

13. Gli operai sono in sciopero _____ lunedì.

"TUTTO BENE QUEL CHE FINISCE BENE"
ALL'S WELL THAT ENDS WELL

La turista, amica di Paul, è alla stazione di Milano. È davanti all'Ufficio Cambio e sta parlando con un altro turista
The female tourist, Paul's friend, is at Milan railroad station. She is standing in front of the bureau de change, talking to another tourist

La turista **Scusi . . . senta. Ha visto per caso una valigetta blu? L'ho lasciata qui circa dieci minuti fa.**
Excuse me . . . Listen, you haven't seen, by any chance, a small blue suitcase. I left it here about ten minutes ago.

Il turista **Qui? No, mi dispiace, non l'ho vista.**
Here? No, I'm sorry, I haven't.

La turista *(agitata)* **Ho perso la valigia, non so come fare. È tremendo! Tutto quello che avevo, era in quella valigetta.**
(worried) I have lost my suitcase, I don't know what to do! It's terrible! Everything I had was in that small suitcase.

Il turista	Non si preoccupi, sono sicuro che la ritroverà! Guardi, . . . cerchi di ricordare cosa ha fatto da quando è arrivata alla stazione. Don't worry, I am sure you will find it! Look, . . . try to remember what you've done since you arrived at the station.
La turista	Quando sono arrivata alla stazione alle dieci, avevo la valigia con me. Sono venuta direttamente all'ufficio cambio perchè avevo bisogno di soldi italiani per comprare il biglietto del treno. Mentre facevo la fila allo sportello, la valigia era accanto a me. Ma quando ho cambiato i soldi e sono andata alla biglietteria, mi sono accorta che non avevo più la valigia. Sono sicura che l'ho lasciata qui! When I arrived at the station at ten, I had my suitcase with me. I came straight to the bureau de change because I needed some Italian money to buy the train ticket. While I was standing in the line at the counter, the suitcase was next to me. But when I changed the money and went to the ticket office, I realized I had no longer had the suitcase. I'm sure I left it here!
Il turista	Guardi, c'è una valigia là, accanto alle scale. È per caso la sua? Look, there is a suitcase over there, near the staircase. It isn't yours, by any chance?
La turista	No, la mia è molto più piccola. E anche il colore è diverso. No, mine is much smaller. And also the color is different.
Il turista	Forse sarebbe meglio andare a vedere all'Ufficio Oggetti Smarriti. Guardi, è laggiù in fondo alla stazione. Perhaps it would be better to go and check at the Lost and Found Office. Look, it's over there at the end of the station.
La turista	Sì, ma prima di andare voglio dare uno sguardo un po' in giro, per vedere se qualcuno l'ha presa. La mia valigia era come quella lì sul carrello del portabagagli. Vede, blu con il manico e la cinghia marrone. Ma quella è proprio la mia, blu e marrone! Senta . . . (correndo verso il portabagagli) Scusi . . . Si fermi, per piacere!

Yes, but before going I want to look around and see if someone has taken it. My suitcase was like that one on the porter's trolley, you see, blue with a brown handle and strap. But that one <u>is</u> mine, blue and brown!

Hey . . . (running towards the porter) excuse me, . . . stop, please!

Il portabagagli	**Dice a me?** Are you talking to me?
La turista	**Sì, scusi . . . quella valigetta blu sembra la mia! Dove l'ha trovata?** Yes, excuse me . . . that little blue suitcase looks like mine! Where did you find it?
Il portabagagli	**L'ho trovata accanto all'Ufficio Cambio con tutti gli altri bagagli del gruppo.** I found it near the bureau de change, with the rest of the group's luggage.
La turista	**Il gruppo? Quale gruppo? Io non sono con nessun gruppo. Lei si è sbagliato! Ecco il mio passaporto, confronti il mio nome con quello sulla valigia!** The group? Which group? I don't belong to any group. You have made some mistake. Here is my passport, compare my name with the one on the suitcase!
Il portabagagli	**Ha perfettamente ragione signorina. Mi scusi! Mi sono proprio sbagliato. Ecco, riprenda la sua valigia.** You are absolutely right, madam! I am sorry. I genuinely made a mistake. Here, take your suitcase back.
La turista	**Non fa niente! Anzi, avevo paura di averla perduta e sono contenta che Lei l'abbia trovata. Molte grazie!** That doesn't matter. On the contrary I was afraid I had lost it and I am glad you have found it. Many thanks!
Il portabagagli	**Vede, tutto bene quel che finisce bene! Posso accompagnarla al suo treno? Che treno prende?** You see, all's well that ends well! Can I take you to your train? Which train are you catching?

| La turista | Il treno per Venezia al binario 8. |
| | The train for Venice on platform 8. |

Pochi minuti dopo al Binario 8
A few minutes later on Platform 8

| Il portabagagli | Ecco il suo treno. Tanti auguri e faccia buon viaggio, signorina. |
| | Here is your train. All the best and have a good trip, madam. |

1. LEGGI E RIPETI

Tutto bene quel che finisce bene (Tooto bayne cwel che feeneeshe bayne)
Ufficio Cambio (Oofeecheeo Caambeeo)
biglietteria (beelyettereea)
Ufficio Oggetti Smarriti (Oofeecheeo Ojjayttee smarreettee)
binario (beenaareeo)
Ha visto per caso una valigia? (A veesto per caaso oona valeejeea)
Quella valigia è per caso la sua? (Cwaylla valeejeea e per caaso la sooa?)
È tremendo! (E tremayndo!)
Non so come fare! (Non so cohme faare!)
Cerchi di ricordare (Chayrcee dee reecordaare)
Avevo bisogno di soldi. (Avayvo beesohnyo dee sohldee)
Facevo la fila allo sportello. (Fachayvo la feela aallo sportayllo)
tutto quello che avevo (tootto cwayllo ce avayvo)
Sono sicuro. (Sohno seecooro)
una valigia piccola (oona valeejeea peeccola)
una valigetta (oona valeejaytta)
La mia valigia è più piccola di quella. (La meea valeejeea e pyoo peeccola dee cwaylla)
La mia valigia è come quella. (La meea valeejeea e cohme cwaylla)
Il colore è come quello. (Eel colohre e cohme cwayllo)
Quella valigia sembra la mia. (Cwaylla valeejeea saymbra la meea)
Quel cappotto sembra il mio. (Cwel cappohtto saymbra eel meeo)
Sarebbe meglio andare a vedere. (Saraybbe maylyo andaare a vedayre)
Dare uno sguardo in giro. (Daare oono sgwaardo een geero)
laggiù in fondo (lajjoo een fohndo)
il carrello del portabagagli (eel carrayllo del portabagaalyee)
il manico e la cinghia (eel maanico e la cheengeea)
Dice a me? (Deeche a me?)
Si fermi, per piacere. (See fayrmee, per peeachayre)

i bagagli del gruppo (ee bagaalyee del grooppo)
Non sono con nessun gruppo. (Non sohno con nayssoon grooppo)
Si è sbagliato! (See e sbalyaato!)
Non mi sono sbagliato. (Non mee sohno sbalyaato)
Ha perfettamente ragione. (A perfettamaynte rajeeohne)
Confronti il nome! (Confrohntee eel nohme!)
Non fa niente! (Non fa nyaynte!)
A che binario arriva il treno? (A ce beenaareeo arreeva eel trayno?)
Da che binario parte il treno? (Da ce beenaareeo paarte eel trayno?)
Avevo paura di averlo perduto. (Avayvo paoora dee avayrlo perdooto)
Sono contento di averlo ritrovato. (Sohno contaynto dee avayrlo reetrovaato)
Tanti auguri! (Taantee aoogooree!)

2. DOMANDE E RISPOSTE

Dov'è la turista, amica di Paul? Where is the female tourist, Paul's friend?	**È davanti all'Ufficio Cambio.** She's in front of the bureau de change.
Con chi sta parlando? Who is she talking to?	**Parla con un altro turista.** She is talking to another tourist.
Ha visto per caso una valigetta blu? Have you seen, by any chance, a small blue suitcase?	**No, mi dispiace non l'ho vista.** No, I'm sorry, I haven't.
Ha visto per caso un cappotto marrone? Have you seen, by any chance, a brown coat?	**No, mi dispiace non l'ho visto.** No, I'm afraid I haven't.
Cosa ha fatto da quando è arrivata alla stazione? What have you done since you arrived at the station?	**Sono stata prima all'Ufficio Cambio e poi alla biglietteria.** First I was at the bureau de change and then at the ticket office.
Aveva la valigia quando è arrivata? Did you have your suitcase with you when you arrived?	**Sì, l'avevo e poi era accanto a me quando facevo la fila allo sportello.** Yes, I did, and then it was next to me while I was standing in the line at the counter.

Cosa ha fatto la turista, quando è arrivata alla Stazione?
What did the female tourist do when she arrived at the station?

**È andata direttamente all'Ufficio Cambio e poi alla biglietteria.
Lì si è accorta che aveva perso la valigia.**
She went straight to the Exchange Office and then to the Ticket office. There she realized she had lost her suitcase.

A che ora è arrivata alla stazione?
What time did she arrive at the station?

È arrivata alle dieci.
She arrived at ten.

Perchè è andata all'Ufficio Cambio?
Why did she go to the bureau de change?

Perchè aveva bisogno di soldi per comprare il biglietto del treno.
Because she needed some money to buy the rail ticket.

Com'era la valigia?
What was the suitcase like?

Era piccola, era una valigetta.
It was small, it was a small suitcase.

Di che colore era?

What color was it?

Era blu con il manico e la cinghia marrone.
It was blue with a brown handle and strap.

Chi ha preso la valigetta?

Who took the suitcase?

L'ha presa il portabagagli e l'ha messa sul carrello.
The porter took it and put it on the trolley.

Perchè l'ha presa?

Why did he take it?

Perchè era con tutti gli altri bagagli del gruppo.
Because it was with the rest of the group's luggage.

Dove l'ha trovata?

Where did he find it?

L'ha trovata accanto all'Ufficio Cambio.
He found it near the bureau de change.

È con quel gruppo la turista?
Does the female turist belong to that group?

No, non è con nessun gruppo.
No, she doesn't belong to any group.

Dove va la turista?
Where is the female tourist going?

Va a Venezia.
She's going to Venice.

Da che binario parte il treno per Venezia?
From what platform does the train for Venice leave?

Parte dal binario 8.
It leaves from platform 8.

3. ADESSO RICORDA . . .

COME SI DICE?

in front of the office	davanti all'ufficio
by chance	per caso
I don't know what to do	non so come fare
It's terrible!	È tremendo!
Everything I had/all my belongings	tutto quello che avevo/tutti i miei effetti personali
I lost my suitcase.	Ho perso la valigia.
I missed the train.	Ho perso il treno.
I wasted my time.	Ho perso tempo.
I am sure.	Sono sicuro.
Try to remember.	Cerchi di ricordare.
I stand in a line	faccio la fila
I need some money for the ticket.	Ho bisogno di soldi per il biglietto.
I realized	ho capito/mi sono accorto
over there	laggiù in fondo
near the staircase	accanto alle scale
It is much smaller.	È molto più piccolo.
The color is different.	Il colore è diverso.
it would be better	sarebbe meglio
Lost and Found Office	Ufficio Oggetti Smarriti.
to look around	guardare in giro/dare uno sguardo in giro
Are you talking to me?	Dice a me? (formal)
	Dici a me? (informal)
Stop, please!	Si fermi, per piacere! (formal)
	Fermati, per piacere! (informal)
Can you stop for a second?	Può fermarsi un momento? (formal)
	Puoi fermarti un momento? (informal)
I made a mistake.	Mi sono sbagliato/a.
You are absolutely right	Ha perfettamente ragione. (formal)
	Hai assolutamente ragione. (informal)

You are wrong.	Ha torto. (formal)
	Hai torto. (informal)
It doesn't matter.	Non fa niente/non è niente.
on the contrary	Anzi/al contrario
I was afraid I had lost it.	Avevo paura di averlo perduto.
From which platform does the train leave?	Da che binario parte il treno?
Which platform?	Che binario?
All the best!	Tanti/Molti auguri!
My best wishes	I miei migliori auguri

4. GRAMMATICA

HAI NOTATO?

The verbs **era, avevo,** and **facevo** are all forms of the *imperfect* tense.

Almost all verbs form the imperfect by adding the endings -**vo**, -**vi**, -**va**, -**vamo**, -**vate**, -**vano** to the infinitive without the final -**re**,.

For example:

amare (to love)	ama-**vo**
mettere (to put)	mette-**vo**
partire (to leave)	parti-**vo**

There are a number of exceptions to this pattern. Some irregular verbs take these endings in the *imperfect* tense, but the endings are added to an expanded form of the infinitive. For example:

fare (to do)	face-**vo**
dire (to say)	dice-**vo**
bere (to drink)	beve-**vo**

The *imperfect* of **essere** is also irregular:

The *imperfect* of **essere**

ero
eri
era
eravamo
eravate
erano

Dieci anni fa	io ero uno studente all'Università
	tu eri uno studente
	Giulio era uno studente
	noi eravamo studenti
	voi eravate studenti
	Giulio e Anna erano studenti

The *imperfect* tense is used:

(a) to show that two actions were going on at the same time in the past or to show that an action was going on when another intervened

Mentre Anna leggeva, Giulio guardava la televisione.
While Anna was reading, Giulio was watching TV.

Anna leggeva quando Giulio è arrivato.
Anna was reading when Giulio arrived.

(b) to indicate a habitual action in the past. In this case it corresponds to the English construction "usually" followed by a simple past tense or to the *used to* form.

Quando abitavo a Roma, uscivo con gli amici tutte le sere.
When I lived in Rome, I used to go out with friends every evening.

Di solito non facevo colazione, prendevo un caffè prima di uscire di casa.
Usually I didn't have breakfast, I had a coffee before leaving home.

(c) to express an action that continued for an unspecified time in the past. When the time is specified, the **passato prossimo** can be used.

Compare the following sentences:

Volevo vederla, ma non avevo tempo.
I wanted to see her, but I didn't have the time.

Ieri l'ho incontrata e le ho parlato.
Yesterday I met her and I spoke to her.

Speravo di incontrarla, ma non l'ho vista tutto il giorno.
I was hoping to see her, but I haven't seen her all day.

(d) to explain a situation or sometimes to make a polite request

Perchè hai chiesto un prestito? Perchè volevo comprare una casa.
Why did you ask for a loan? Because I wanted to buy a house.

Desideravo chiederti un favore.
I wished to ask you a favor.

PRIMA DI, SENZA, INVECE DI + INFINITIVE

Did you notice the expressions: **prima di andare/prima di uscire di casa?**

In Italian **prima di** (before), **senza** (without), and **invece di** (instead of) are followed by the infinitive.

Anna ha incontrato Giulio prima di partire per Boston.
Anna met Giulio before going to Boston.

Anna esce di casa senza fare colazione.
Anna leaves home without having breakfast.

Invece di ritornare a Roma, Giulio vuole restare a Milano.
Instead of going back to Rome, Giulio wants to stay in Milan.

IL VOCABOLARIO

perdere, smarrire: to lose
perdere, sprecare: to waste
perdere, mancare: to miss
perdersi: to get lost
accorgersi, capire: to realize
fare la fila: to stand in a line
guardare in giro/dare uno sguardo in giro: to look around
fermarsi: to stop
salutare: to greet, to say goodbye
arrabbiarsi: to get angry
giocare: to play
giocare a calcio: to play soccer
sbagliarsi: to make a mistake
aver ragione: to be right
aver torto: to be wrong
controllare : to check
confrontare: to compare
correre: to run
sembrare: to seem, to appear, to look like.
temere, aver paura: to be afraid
Mi rincresce/mi dispiace, ma è uscito: I am afraid he is out

perdita: loss
prestito: loan
effetti personali: personal belongings
biglietteria: ticket office
Ufficio Oggetti Smarriti: Lost and Found Office
Ufficio Cambio: bureau de change
sportello: counter
binario: platform
soldi: money
scale: staircase
società: company, society
ditta: firm, business
impermeabile: raincoat
carrello: trolley
manico: handle
cinghia: strap
portabagagli: porter
zaino: backpack
gruppo: group
fila: line

di fronte a: opposite
davanti a: in front of
dietro: behind
dietro al banco/allo sportello: behind the counter
dietro di me: behind me
dietro l'angolo: behind the corner
per caso: by any chance
accanto a: next to
vicino a: near, close to
laggiù: over there
chiuso: closed
aperto: open
direttamente: directly, straight
completamente, perfettamente: absolutely
diverso: different
agitato: worried
rilassato: relaxed
gentile: kind, polite
sgarbato: rude, impolite
anzi: on the contrary
perchè: why, because

1. SUPPLY THE CORRECT FORM OF THE IMPERFECT TENSE IN EACH OF THE FOLLOWING SENTENCES:

Ex:
Giulio e Paul **parlavano** di politica. (parlare)

1. Quando i Valli erano a Roma, Anna li ____ in giro per la città. (portare)

2. Anna ____ il caffè e il tè con la focaccia a tutti. (offrire)

3. Quando abitavo in campagna ____ bene. (dormire)

4. Quando eravamo al mare ____ molti bagni. (fare)

5. Tutti gli inverni Paul ____ a sciare. (andare)

6. Quando lavoravano per quella ditta ____ l'autobus ogni mattina alle 7,30. (prendere)

7. Prima di fare la dieta io ____ molto. (mangiare)

8. Quando erano bambini i miei figli ____ a calcio. (giocare)

9. Quando eravamo all'Università ci ____ molto. (divertire)

10. Giulio ____ sempre a Roma per i fine settimana. (venire)

2. ANSWER THE QUESTIONS (A) – (M) BY GIVING ONE OF THE EXCUSES FROM THE LIST OF IMPERFECT TENSE EXPRESSIONS. USE EACH EXPRESSION ONLY ONCE:

non avere voglia: don't feel like
avere sonno: to be/ feel sleepy
essere stanco: to feel tired
avere da fare: to be busy
stare male: to feel unwell/ to be ill
essere caro: to be expensive
non avere soldi/essere senza una lira: to be broke
essere difficile: to be difficul
avere fame: to be hungry
avere sete: to be thirsty
essere arrabbiato: to be angry
avere fretta: to be in a hurry

Ex:
Perchè sei stato sgarbato?
Sono stato sgarbato perchè ero arrabbiato.
Why were you rude? I was rude because I was angry.

(a) Perchè Anna non è uscita?

(b) Perchè Paul non ha pagato il conto?

(c) Perchè non siete andati al cinema con gli amici?

(d) Perchè avete mangiato tutti i dolci?

(e) Perchè non hai fatto l'esercizio?

(f) Perchè non hai comprato quel bel vestito?

(g) Perchè Carla è andata a letto presto?

(h) Perchè avete bevuto tutta l'aranciata?

(i) Perchè Anna è rimasta in ufficio?

(l) Perchè Marco non ha bevuto il caffè?

(m) Perchè correvi?

3. INSERT **PRIMA DI, SENZA** OR **INVECE DI** AS APPROPRIATE IN FRONT OF THE INFINITIVE.

1. Anna è andata in giro per i negozi ____ comprare niente.

2. Giulio le ha telefonato ____ partire per Milano.

3. Pioveva, ho preso l'impermeabile (*raincoat*) ____ mettere il cappotto.

4. Mi sono sbagliato, ho bevuto un tè ____ bere un caffè.

5. Era arrabbiata e è uscita ____ salutare.

6. Paul ha fatto una telefonata ____ uscire da casa.

7. Faccio colazione ____ andare in ufficio.

RIVEDIAMO LE LEZIONI 13 A 15
LET'S REVIEW NOW FROM LESSON 13 TO 15

Lezione 13 MI INDICA LA STRADA?

La turista	Scusi, senta . . .
Il vigile	Sì? Dica . . .?
La turista	Vorrei andare al museo di Brera. Mi indica la strada per favore?
Il vigile	Certo, signorina. Allora vediamo......vada a Piazza Duomo. A sinistra del Duomo c'è la Galleria. Entri in Galleria e la percorra, si troverà a Piazza della Scala. A destra del teatro La Scala c'è Via Brera. Dopo cento metri, alla sua destra, troverà il museo.
La turista	Bene grazie, penso di aver capito. Allora attraverso la Galleria e a destra del teatro trovo la Via Brera. Ma come faccio ad arrivare a Piazza Duomo da qui? È lontana?
Il vigile	Beh....è una bella passeggiata! Se vuole può andare in metropolitana o con l'autobus.
La turista	No, preferisco camminare. Quanto è distante a piedi?
Il vigile	Saranno circa seicento metri. Deve andare diritto per Corso Venezia fino a raggiungere Piazza S. Babila. Poi attraversi la Piazza e imbocchi Corso Vittorio Emanuele. Salga per il Corso e vedrà alla sua sinistra il Duomo e alla sua destra la Galleria.

La turista Allora vado diritto fino a S. Babila e poi giro per Corso Vittorio Emanuele e così arrivo al Duomo. È giusto?

Il vigile Giustissimo, signorina. Buona passeggiata!

Lezione 14 UNA CHIACCHIERATA

Anna Prendi ancora del caffè, Carla?

Carla Sì, grazie. Il caffè italiano è così buono!

Anna Ma è anche molto forte. Per questo lo prendo sempre con una goccia di latte. E Lei, Marco, prende un po' di caffè?

Marco No, grazie. Non ne prendo mai. Mi fa male!

Anna Le preparo un tè allora. Prenda intanto una fetta di focaccia: è buona e croccante. Anche tu, Paul, serviti. So che la focaccia ti piace. Tu, Giulio, preferisci tè o caffè?

Giulio Prendo il tè come il professor Valli, per questa volta.

Anna Questa è un'eccezione! Sapete Giulio è amante del caffè!

Paul E Lei, professore, quanto tempo si ferma a Roma?

Marco Ci fermiamo ancora per due giorni, poi andremo a Firenze per una settimana. Da Firenze ripartiremo per Milano.

Paul Ho sentito che avete fatto un lungo giro per l'Europa, non è vero?

Carla Sì, Marco ha voluto farmi visitare tutte le più belle città europee. Siamo stati a Parigi, Vienna, Londra. Siamo in vacanza da più di tre settimane ormai. Sono contenta di aver avuto anche l'opportunità di rivedere Anna.

Anna Voi siete sempre così gentili con me! Ma venite a vedere l'appartamento: è piccolo ma molto comodo.

Anna (mostrando le stanze) Accanto al soggiorno c'è la camera da letto con il bagno e una stanzetta che mi serve da studio. Ho dipinto tutto in giallo e blu perchè sono i miei colori preferiti.

Carla È tutto molto bello e allegro, anche l'arredamento. Ti sei fatta aiutare da un architetto?

Anna Sì, un po'. Ma soprattutto mi sono fidata del mio gusto. Ecco, questa è la cucina e di fronte c'è una stanza per gli ospiti.

Carla Complimenti, è un bell'appartamento! Chi sa, forse ritornerò presto a Roma per qualche lieto evento . . .

Lezione 15 "TUTTO BENE QUEL CHE FINISCE BENE"

La turista Scusi, senta. Ha visto per caso una valigetta blu? L'ho lasciata qui circa dieci minuti fa.

Il turista	Qui? No, mi dispiace, non l'ho vista.
La turista	(agitata) Ho perso la valigia, non so come fare. È tremendo! Tutto quello che avevo era in quella valigetta.
Il turista	Non si preoccupi, sono sicuro che la ritroverà! Guardi,.....cerchi di ricordare cosa ha fatto da quando è arrivata alla stazione.
La turista	Quando sono arrivata alla stazione alle 10 avevo la valigia con me. Sono venuta direttamente all'Ufficio Cambio perchè avevo bisogno di soldi italiani per comprare il biglietto del treno. Mentre facevo la fila allo sportello, la valigia era accanto a me. Ma quando ho cambiato i soldi e sono andata alla Biglietteria, mi sono accorta che non avevo più la valigia. Sono sicura che l'ho lasciata qui!
Il turista	Guardi, c'è una valigia là, accanto alle scale. È per caso la sua?
La turista	No, la mia è molto più piccola. E anche il colore è diverso.
Il turista	Forse sarebbe meglio andare a vedere all'Ufficio Oggetti Smarriti. Guardi, è laggiù in fondo alla stazione.
La turista	Sì, ma prima di andare voglio dare uno sguardo un po' in giro, per vedere se qualcuno l'ha presa. La mia valigia era come quella lì sul carrello del portabagagli. Vede, blu con il manico e la cinghia marrone. Ma . . . quella è proprio la mia, blu e marrone. Senta . . . (correndo verso il portabagagli) scusi . . . Si fermi, per piacere!
Il portabagagli	Dice a me?
La turista	Sì, scusi . . . quella valigetta blu sembra la mia. Dove l'ha trovata?
Il portabagagli	L'ho trovata accanto all'Ufficio Cambio, con tutti gli altri bagagli del gruppo.
La turista	Il gruppo? Quale gruppo? Io non sono con nessun gruppo. Lei si è sbagliato! Ecco il mio passaporto. Confronti il mio nome con quello sulla valigia.
Il portabagagli	Ha perfettamente ragione signorina. Mi scusi! Mi sono proprio sbagliato. Ecco, riprenda la sua valigia.
La turista	Non fa niente! Anzi, avevo paura di averla perduta e sono contenta che Lei l'abbia trovata. Molte grazie!

| Il portabagagli | Vede, tutto bene quel che finisce bene! Posso accompagnarla al suo treno? Che treno prende? |
| La turista | Il treno per Venezia al Binario 8. |

Pochi minuti dopo al Binario 8

| Il portabagagli | Ecco il suo treno. Tanti auguri e faccia buon viaggio, signorina. |

TEST DI REVISIONE

1. *AN ITALIAN ACQUAINTANCE ASKS YOU PERMISSION TO DO CERTAIN THINGS. GRANT PERMISSION AND ENCOURAGE HIM/HER POLITELY, USING THE **LEI** FORM AND THE POLITE IMPERATIVE.*
   SOMETIMES YOU WILL HAVE TO REPLACE THE DIRECT AND / OR INDIRECT OBJECT IN THE QUESTION WITH THE APPROPRIATE PRONOUN IN THE ANSWER. THE WORDS WHICH HAVE TO BE REPLACED ARE UNDERLINED FOR YOU.

Ex:
Posso uscire? Prego, esca pure!
Posso leggere questo libro? Prego, lo legga pure!
Posso andare al cinema? Prego, ci vada pure!
Posso scrivere una lettera al Direttore? Prego, gliela scriva pure!

1. Posso aspettare all'uscita?

2. Posso attraversare la piazza?

3. Posso parlare al Direttore?

4. Posso comprare il giornale a Suo padre?

5. Posso prendere questo autobus?

6. Posso prendere un'aranciata?

7. Posso spedire queste lettere?

8. Posso ascoltare la musica?

9. Posso accendere il televisore?

10. Posso fumare?

11. Posso andare all'Ufficio Postale?

12. Posso portare il vino?

13. Posso comprare la frutta?

14. Posso telefonare?

15. Posso guardare le fotografie?

16. Posso mandare questo pacco?

17. Posso invitare a cena i suoi genitori?

18. Posso cambiare i dollari in moneta italiana?

19. Posso percorrere questa strada?

20. Posso entrare?

21. Posso venire nel Suo ufficio?

22. Posso prenotare l'albergo?

23. Posso comprare le rose a Sua moglie?

24. Posso percorrere la galleria?

25. Posso girare a destra?

26. Posso finire gli esercizi?

27. Posso ripetere la lezione?

28. Posso raccontare il film?

29. Posso rivedere gli appunti?

30. Posso portare un regalo al bambino?

31. Posso prendere i biglietti per il teatro?

32. Posso andare a Roma domani?

33. Posso cercare le parole sul vocabolario?

2. CHANGE THE FOLLOWING SENTENCES INTO THE PAST USING EITHER THE IMPERFECT TENSE OR THE PASSATO PROSSIMO.

Ex:
Ogni mattina mi alzo, mi lavo, mi vesto, faccio colazione e vado in ufficio.
Ieri mattina mi sono alzato, mi sono lavato, mi sono vestito, ho fatto colazione e sono andato in ufficio.

Quando lavoro molto, la sera sono non ho voglia di uscire.
Quando lavoravo molto, la sera non avevo voglia di uscire.

1. Di solito mi addormento davanti al televisore.
   Quando abitavo da solo ____

2. Abitualmente faccio una passeggiata dopo cena.
   Quando abitavo a Roma ____

3. Quando sono in compagnia mangio, bevo e fumo molto.
   Ieri ero in compagnia ____

4. Non compro i dischi perchè non ho più soldi, li ho finiti tutti.
   Ieri ero in un negozio di dischi ma non ____

5. Non spedisco i pacchi perchè non ho i francobolli.
   Ieri mattina ero all'Ufficio Postale ma non ____

6. Non gli presto il libro perchè non l'ho più, l'ho perduto.
   Quando me l'ha chiesto non ____

7. Non pago il conto perchè non ho il portafoglio, non lo trovo più.
   Ieri al ristorante non ____

8. Stasera non vengo a cena con te, perchè sono molto occupata.
   Ieri sera non ____

9. Vado a Parigi e ritorno sabato.
   La settimana scorsa ____

10. Tutte le mattine mi sveglio tardi e perdo l'autobus.
    Quando lavoravo in Italia ____

11. Oggi compro il giornale e lo leggo dopo pranzo.
    Ieri ____

12. Quando vado in Biblioteca trovo gli studenti che studiano e
    fanno le loro ricerche.
    Quando lavoravo a Harvard ____

13. Compro le riviste di moda e le guardo con Anna nel pomeriggio.
    Quando abitavo con Anna ____

14. Stasera siamo stanchi e abbiamo sonno, guardiamo la televisione
    e poi andiamo a letto.
    Ieri sera ____

15. Ogni volta che vai in Biblioteca una signorina molto gentile ti
    aiuta a trovare i libri.
    Quando eri all'Università ____

16. Quando facciamo dei viaggi, portiamo solo una borsa e una valigetta.
    Quando eravamo più giovani ____

17. Vado spesso all'estero e preferisco viaggiare in aereo.
    Quando lavoravo per l'Alitalia ____

18. Tutte le volte che ti accompagno alla stazione faccio sempre la stessa strada.
    Quando venivi a trovarmi ____

19. Dico agli studenti di preparare la relazione.
    Ieri ____

20. Ogni domenica mangio gli spaghetti e la carne arrosto con patate.
    Quando ero in Italia ____

21. Faccio le fotografie ai bambini e le mando a tutti i parenti.
    Quando i miei figli erano piccoli ____

22. Tutti i sabati i miei amici organizzano delle feste.
    L'anno scorso ____

23. Tutte le domeniche andiamo a vedere la partita di calcio.
    Quando abitavamo in Italia ____

24. Gli telefono ma non lo trovo mai.
    La scorsa settimana ____

25 Mi incontra ma non mi saluta mai.
    Quando abitavamo nella stessa città ____

26. Lo chiamo ma non mi risponde.
    Ieri quando ____

27. Vedo gli studenti e li saluto da parte tua.
    Quando sono andato all'Università ____

28. Incontro gli studenti e mi fermo a parlare con loro.
    Quando andavo all' Universita' ____

29. In macchina faccio dei lunghi viaggi e controllo sempre il motore prima di partire.
    Quando avevo la macchina ____

3. ANSWER THE FOLLOWING QUESTIONS, REPLACING THE UNDERLINED WORDS WITH A DIRECT/INDIRECT OR COMBINED PRONOUN AS APPROPRIATE. REMEMBER TO MAKE THE PAST PARTICIPLE AGREE WITH THE DIRECT OBJECT PRONOUN.

Note that you should use the *me/to me/us/to us* forms in your responses to questions containing **ti**, **vi**, or **Le**.

Ex:
Chi <u>ti</u> ha invitato a pranzo? I miei amici mi hanno invitato
Chi <u>vi</u> ha servito <u>la colazione</u>? Ce l'ha servita il cameriere
Chi <u>Le</u> ha portato <u>questo regalo</u>? Me l'ha portato un mio amico
Chi ha accomagnato <u>Anna al cinema</u>? Ce l' ha accompagnata Giulio

1. Chi ha mandato <u>i fiori ad Anna</u>? (Giulio)

2. Chi <u>ti</u> ha mandato <u>questa cartolina</u>? (Paul)

3. Chi <u>vi</u> ha consigliato <u>questo albergo</u>? (i miei amici)

4. Chi <u>vi</u> ha venduto <u>i biglietti</u>? (il bigliettaio)

5. Chi <u>Le</u> ha cambiato <u>le sterline</u>? (il cassiere della Banca)

6. Chi ha invitato <u>Anna e Giulio</u> a pranzo? (i loro amici)

7. Chi <u>Le</u> ha dato <u>il mio numero di telefono</u>? (la sua segretaria)

8. Chi <u>vi</u> ha dato <u>queste informazioni</u>? (l'impiegato)

9. Chi <u>ci</u> ha mandato <u>questo fax</u>? (Il nostro cliente Mr Brown)

10. Chi <u>vi</u> ha indicato <u>la strada</u>? (il vigile)

11. Chi ha offerto <u>a Paul una birra</u>? (noi)

12. Chi <u>ti</u> ha portato <u>questo vino</u>? (Giulio)

13. Chi ha offerto <u>la focaccia a Paul</u>? (Anna)

14. Chi ha invitato <u>i Valli</u> ? (Anna)

15. Chi ha mostrato <u>l'appartamento ai Valli</u>? (Anna)

16. Chi ha ritrovato <u>la valigia alla turista</u>? (il portabagagli)

17. Chi ha accompagnato <u>Anna a casa</u>? (Giulio)

18. Chi ha portato <u>i tuoi amici a teatro</u>? (io)

4. COMPLETE THIS PASSAGE, PUTTING THE VERBS IN PARENTHESES INTO THE PASSATO PROSSIMO.

Paul (lasciare) il suo appartamento a Milano ed (ripartire) per Boston. Prima di trasferirsi (andare) alla Banca Commerciale e (cambiare) dei soldi italiani in dollari. (Parlare) anche con il direttore che (accettare) di trasferirgli il conto su una banca americana. Arrivato a Boston (cercare) una casa vicino all'università e la (arredare) con cura. Al primo piano dello stesso edificio (aprire) uno studio di consulenza commerciale e si (mettere) in società con alcuni compagni di Università.

5. CHANGE THESE SENTENCES/EXPRESSIONS INTO THE PLURAL:

Ex:
Conosco un giornalista famoso.
Conosciamo dei giornalisti famosi.

Ho incontrato la tua amica e l'ho invitata a cena.
Abbiamo incontrato le tue amiche e le abbiamo invitate a cena.

1. Anna non è potuta entrare in casa perchè non aveva la chiave. (Anna e Giulio)

2. Quel mio amico inglese è partito ieri ma mi ha promesso che mi scriverà.

3. Ieri la banca era chiusa.

4. Ho visto una bella giacca bianca e voglio comprarla. (Noi)

5. Vado all'ufficio postale a spedire un pacco e a mandare una lettera. (Noi)

6. Ti piace questo panino con formaggio e prosciutto?

7. Lo studente non capisce la spiegazione di questo problema.

8. Non mi è piaciuto lo spettacolo che ho visto con Paul.

9. Non mi ricordo come si chiama la città tedesca che ho visitato.

10. Non hai fatto l'esercizio più difficile e non hai studiato la lezione nuova. (Voi)

11. Ha comprato un bell'appartamento e l'ha arredato con cura.

(Gli agenti immobiliari – the real estate agents)

12. Preferisco passare il fine settimana al mare. (Noi)

A PROPOSITO DI VITA NOTTURNA
TALKING OF NIGHT LIFE

Siamo alla Casa dello Studente a Milano. Paul è nella sua stanza e parla con un suo compagno di università, Arturo.
We are at the Student Hostel in Milan. Paul is in his room and he is talking to a university friend, Arturo

Paul   **So che tu, Arturo, vieni dal sud d'Italia. Si fa anche lì la stessa vita frenetica che facciamo qui a Milano?**
Arturo, I know that you come from the south of Italy. Is life there as frantic as it is here in Milan?

Arturo   **Penso di sì. Solo gli orari di lavoro sono diversi. Si fa un intervallo più lungo per il pranzo, di solito dalle 13,30 alle 16,30. Tutti vanno a pranzare a casa perchè la famiglia si riunisce per il pasto principale. Poi fanno una breve siesta prima di ritornare al lavoro.**
I think it is. Only the working hours are different. They have a longer break for lunch, usually from 1.30 to 4.30 p.m. Everybody goes home for lunch because the family gets together for the main meal. Then they have a short nap before going back to work.

Paul   Questo è rilassante. Vorrei poter fare anch'io un riposino dopo un buon pranzo sostanzioso. Ma a che ora vanno a letto la sera?

That is relaxing. I wish I could also have a little nap too after a good substantial lunch. But what time do they go to bed in the evening?

Arturo   Vanno a letto più tardi che a Milano. La vita sociale è molto importante al sud. Si cena tardi, anche dopo le nove di sera. Poi si esce con gli amici, si va al cinema o in discoteca. Oppure si va semplicemente in giro. Nelle città più piccole si riuniscono nella piazza principale: il tempo è quasi sempre bello e si può stare a chiacchierare anche all'aperto.

They go to bed later than in Milan. Social life is very important in the south. They have supper late, even after nine o'clock in the evening. Then they go out with friends, to the movies or to a disco. Or they simply walk around. In smaller towns they gather in the main square: the weather is quite often fine and they can stay and talk outside.

Paul   Questo è stupendo! La prossima volta che vai a casa voglio venire con te e incontrare i tuoi amici. Ma a proposito di vita notturna, noi cosa facciamo stasera?

That's wonderful! Next time you go home I want to come with you and meet your friends. But talking of night life, what are we going to do tonight?

Arturo   Guarda, ho appena comprato il *Corriere della Sera*. Diamo uno sguardo alla pagina degli spettacoli e vediamo cosa c'è. Poi decidiamo.

Look, I have just bought the *Corriere della Sera*. Let's have a look at the entertainments page and see what is on. Then we can decide.

Paul   (guardando il giornale) Ci sono molti spettacoli interessanti da vedere. Sono sicuro che noi abbiamo più scelta per la serata dei tuoi amici al sud. La commedia che danno al teatro Manzoni sembra divertente. Tu che ne pensi?

(looking at the newspaper) There are many interesting shows to go to. I am sure we have more choice for the evening than your friends in the south. The play which is on at the Manzoni theater sounds amusing. What do you think?

Arturo **Penso che va bene. Ma perchè non telefoniamo ad alcune ragazze del nostro corso e vediamo se vogliono venire con noi?**

It sounds O.K. But why don't we call some of the girls on our course and see if they want to join us?

Paul **Buona idea! Telefoniamo alle ragazze e lasciamo decidere a loro!**

Good idea! Let's call the girls and leave the decision to them!

1. LEGGI E RIPETI

a proposito (a propohseeto)

compagno di università (compaanyo dee ooniverseeta)

vita frenetica (veeta frenayteeca)

vita rilassante (veeta reelassaante)

vita sociale (veeta sochaale)

la famiglia si riunisce (la fameelya see reeooneeshe)

pasto principale (paasto preencheepaale)

breve siesta (brayve seeaysta)

pranzo sostanzioso (praantzo sostantzeeohso)

semplicemente (saympleecheemaynte)

più tardi (pyoo taardee)

piazza principale (peeaatza preencheepaale)

È stupendo! (E stoopayndo)

Cosa facciamo stasera? (Cohsa facheeaamo stasayra?)

Che ne pensi? (Ce ne paynsee?)

stare a chiacchierare all'aperto (staare a ceeaccee-eraare allalpayrto)

pagina degli spettacoli (paajeena daylyee spettaacolee)

sembra divertente (saymbra deevertaynte)

decidiamo (decheedeeaamo)

Facciamo/Lasciamo decidere alle ragazze. (Facheeaamo/Lashaamo decheedere aalle ragaatze)

C'è più scelta. (Che pyoo shaylta)

2. DOMANDE E RISPOSTE

Dove sono Paul e Arturo?	**Sono nella stanza di Paul alla Casa dello Studente di Milano**
Where are Paul and Arturo?	They are in Paul's room in the Student Hostel in Milan.
Di dov'è Arturo?	**È del sud d'Italia.**
Where is Arturo from?	He's from the south of Italy.

Di che cosa parlano i due giovani?
What are the two young men talking about?

Parlano dei diversi modi di vita nel sud d'Italia.
They are talking about the different ways of life in the south of Italy.

Com'è la vita al sud?
What is life in the south like?

Non è tanto frenetica quanto al nord.
È più rilassante.
It's not so frantic as life in the north.
It's more relaxing.

Come sono gli orari di lavoro?
What are the working hours like?

L'intervallo per il pranzo è più lungo perchè la famiglia si riunisce a tavola per il pasto principale della giornata.
The lunch break is longer because the family gathers around the dinner table for the main meal of the day.

A che ora si cena?
What time do they have dinner?

Si cena dopo le nove di sera.
They have dinner after nine o'clock in the evening.

A che ora vanno a letto la sera?
What time do they go to bed at night?

Generalmente più tardi che al nord.
Usually later than in the north.

Che cosa si fa dopo cena?
What do they do after dinner?

Si esce con gli amici: si va al cinema o in discoteca. Oppure si va semplicemente in giro per la città.
They go out with their friends: they go to the movies or to a disco. Or they just go for a walk around the town.

Cosa fanno i giovani nelle città più piccole del sud?
What do the young people in the smaller towns in the south do?

La sera si riuniscono nella piazza principale della città e stanno a chiacchierare all'aperto.
In the evening they gather in the main square of the town and stay and chat outside.

Cosa fanno Paul e Arturo stasera?
What are Paul and Arturo doing
this evening?

**Escono con delle ragazze del
loro corso.**
They are going out with some
girls on their course.

**Che cosa leggono prima di
decidere dove andare?**
What do they read before
deciding where to go?

**Leggono la pagina degli
spettacoli sul *Corriere della
Sera*.**
They read the entertainments
page of *Corriere della Sera*.

Chi decide dove andare stasera?
Who will decide where to go
tonight?

Le ragazze decidono.
The girls will decide.

**C'è più scelta di spettacoli al
nord o al sud?**
Is there more choice of
entertainment in the north or in
the south?

**Sicuramente al nord la scelta è
più ampia.**
Certainly in the north the choice
is wider.

3. ADESSO RICORDA . . .

COME SI DICE?

university friend	**compagno di Università**
frantic life	**vita frenetica**
relaxing life	**vita rilassante**
to enjoy life	**godersi la vita**
afternoon nap	**siesta**
to have a nap	**fare la siesta**
substantial meal	**pasto sostanzioso**
It sounds amusing.	**Sembra divertente.**
family gathering	**riunione di famiglia**
next time	**la prossima volta**
last time	**la volta scorsa/l'ultima volta**
By the way/ talking of . . .	**a proposito di**
outside/ at the open air	**all'aperto**
main square	**piazza principale**
wonderful!	**stupendo!, meraviglioso!**
entertainment page	**pagina degli spettacoli**
What do you think?	**Che ne pensi?**
will the girls join us?	**vengono con noi le ragazze?**
a wider choice	**una scelta più ampia**
the choice is yours	**la scelta è tua** (informal)
	la scelta è Sua (formal)

It is up to you to decide	**la decisione dipende da te** (informal)
	la decisione dipende da Lei (formal)
dinner table	**la tavola da pranzo**
working table	**il tavolo da lavoro**

4. GRAMMATICA

HAI NOTATO?

Did you notice the following sentences?

> si fa anche lì una vita frenetica
> si cena tardi
> si esce la sera
> si va al cinema
> si va in giro
> si riuniscono
> si può stare all'aperto

Si has two main uses in Italian:

1. It can be a reflexive pronoun (standing for *he* or *she*) followed by a reflexive verb.

Paul si lava le mani prima di andare a tavola per il pranzo.
Paul washes his hands before sitting down to dinner.

I giovani si riuniscono nella piazza principale della città.
Young people get together in the main square of the town.

2. It can introduce impersonal expressions with a verb in the third person (singular or plural). In this case it can be translated in English either by *one/people/they* or transformed into a passive sentence.

Si lavano le mani prima di andare a tavola per pranzo.
Hands have to be washed before sitting down to dinner.
(One has to wash one's hands before sitting down to dinner.)

Si pubblicano molti giornali a Milano. Anche il *Corriere della Sera* **si pubblica lì.**
Many newspapers are published in Milan. The *Corriere della Sera* is also published there.

Si può stare all'aperto.
People can stay outside.

PIÙ/MENO . . . DI/CHE

The dialog at the beginning of Lezione 17 also contained some *comparative* sentences:

L'intervallo per il pranzo è *più* lungo nelle città del sud.
La vita è *più* frenetica nelle città del nord.
Al nord ci sono *più* spettacoli *di* quanti ce ne siano al sud.
Il tempo è *più* bello al sud *che* al nord.

In Italian *comparatives* are formed by using **più** (*more*) or **meno** (*less*) before the adjective.

più + adjective

più bello: nicer
più lungo: longer
più grande: bigger
più frenetico: more frantic
più nuovo: newer

meno + adjective

meno bello: less nice
meno difficile: less difficult
meno caro: less expensive
meno frenetico: less frantic
meno importante: less important

The comparative adjective is followed by **di**:

Questo esercizio è più difficile di quello.
This exercise is *more difficult than* that one.

Questo libro è meno caro di quello.
This book is *less expensive than* that one.

But if the comparison is between two words of the same type (for example, two adjectives, two nouns, two verbs), the conjunction is **che** instead of **di**:

Questo esercizio è più confuso che difficile.
This exercise is more obscure than difficult.

Mi piace leggere più i romanzi che le commedie.
I like reading novels more than plays (*or* I prefer reading novels to plays).

La vita sociale è più importante al sud che al nord.
Social life is more important in the south than in the north.

IL PIÙ/IL MENO

The *superlative* in Italian is formed by placing the appropriate definite article before either **più** or **meno**:

Questo esercizio è il più difficile del libro.
This exercise is the most difficult in the book.

Questa macchina è la meno cara.
This car is the least expensive.

La commedia che danno al Manzoni è la più divertente dell'anno.
The play which is on at the Manzoni is the most amusing of the year.

Note: Italian adjectives can also have what is known as an *absolute superlative*. This is formed by replacing the final vowel of the adjective with the endings -issimo, -issima, -issimi, or -issime.

Questa commedia è divertentissima!
This play is very amusing!

Questi esercizi sono difficilissimi!
These exercises are very difficult!

Quelle macchine sono carissime!
Those cars are very expensive!

IL VOCABOLARIO

radunare, riunirsi: to get together, to gather
fare la siesta: to have a nap
scegliere: to choose
unirsi a/venire con : to join
Posso? Permette? (formal): May I join you?
Posso offrirLe da bere?(formal): Will you join me for a drink?
decidere: to decide
sembrare: to sound
somiglia/ sembra: it sounds like
suona meglio: it sounds better
sembra arrabbiato: he sounds angry

compagno: companion, partner, buddy
compagno di scuola: school friend
compagno di viaggio: traveling companion
siesta: afternoon nap
mostra: exhibition
decisione: decision
choice: scelta

pasto: meal
cena: supper
gelato: ice-cream
spettacolo: show, performance
divertimento, spettacolo: entertainment
il mondo dello spettacolo: the entertainments world
la tavola da pranzo: dinner table
il tavolo da lavoro: work table

divertente, piacevole: amusing
comico: funny
sostanzioso: substantial
ampio, vasto: wide
frenetico: frantic
rilassante: relaxing
deciso: determined, firm
la prossima volta: next time
l'ultima volta: last time
la settimana scorsa: last week
la settimana prossima: next week
all'aperto: outside
principale: main
meraviglioso, stupendo: wonderful
generalmente: generally, usually
sicuramente/di sicuro: certainly, for sure
precisamente/proprio così: quite so
abbastanza/piuttosto/proprio/perfettamente: quite
a proposito (di): by the way, talking of
di proposito: on purpose, deliberately

ESERCIZI

1. *CHANGE THE FOLLOWING SENTENCES INTO THE PASSIVE BY REPLACING THE FIRST AND THIRD PERSON PLURAL WITH **SI** FOLLOWED BY THE THIRD PERSON SINGULAR OF THE PRESENT TENSE.*

Ex:
Quando <u>siamo</u> studenti <u>impariamo</u> molto.
Quando si è studenti si impara molto.

All'Università <u>studiano</u> molto in biblioteca.
All'Università si studia molto in biblioteca.

1. Durante la lezione <u>parliamo</u> in italiano.

2. In Italia <u>beviamo</u> poco tè, ma molto caffè.

3. Al nord d'Italia <u>cenano</u> alle otto.

4. In Inghilterra <u>non lavorano</u> il sabato.

5. Al sud d'Italia <u>vanno a letto</u> tardi la sera.

6. Quando <u>siamo</u> ricchi <u>possiamo</u> comprare quello che <u>vogliamo</u>.

7. Quando il tempo è bello <u>stanno</u> a chiacchierare all'aperto.

8. <u>Andiamo</u> al bar e <u>prendiamo</u> una birra o un gelato.

2. SEVERAL PEOPLE STOP YOU TO ASK WHERE THEY CAN BUY A NUMBER OF DIFFERENT ITEMS. ANSWER THEM USING *SI COMPRA* OR *SI COMPRANO*, AS APPROPRIATE.

Ex:
Dove compriamo la frutta?
La frutta si compra dal fruttivendolo
Dove compriamo le mele?
Le mele si comprano dal fruttivendolo.

1. Dove compriamo la carne? (dal macellaio)

2. Dove compriamo i formaggi? (in salumeria)

3. Dove compriamo il pane? (al panificio)

4. Dove compriamo i giornali? (dal giornalaio/in edicola)

5. Dove compriamo i francobolli? (dal tabaccaio/in tabaccheria)

6. Dove compriamo l'aspirina? (in farmacia)

3. INSERT *DI* OR *CHE* IN THE FOLLOWING COMPARATIVE SENTENCES. (REMEMBER TO COMBINE *DI* WITH THE DEFINITE ARTICLE WHERE THIS HAS BEEN GIVEN.)

Ex:
Il treno è più comodo **che** veloce.
Il mio lavoro è più interessante **del** (il) tuo.

1. Quella ragazza è più simpatica ____ bella.

2. Perugia è meno grande ____ Roma.

3. Giulio è più giovane ____ suo fratello.

4. La casa di Anna è più comoda ____ grande.

5. Mi piace il mio lavoro, è più interessante _____ quello che facevo prima.

6. In questa città c'è molto traffico, ci sono più macchine _____ persone.

7. Viaggiare in aereo è più veloce _____ viaggiare in treno.

8. Il treno è più sicuro _____ (la) macchina.

9. Paul è più gentile _____ Arturo.

10. Questo esercizio è meno difficile _____ quello.

11. I miei studenti sono meno studiosi _____ (i) tuoi.

12. I vini italiani sono più forti _____ quelli francesi.

13. Mi piace più leggere _____ scrivere.

14. Quella commedia è più divertente _____ comica.

ANDIAMO A FARE SPESE
LET US GO SHOPPING

Siamo al secondo piano di un grande magazzino a Milano. Al reparto scarpe un commesso mostra al cliente alcune paia di scarpe di diverso modello e colore.

We are on the second floor of a department store in Milan. In the shoe section a shop assistant is showing the customer several pairs of shoes in different styles and colors.

Il commesso	**La stanno servendo?** Are you being attended to?
Il cliente	**Beh, veramente, . . . vorrei provare delle scarpe.** Well, as a matter of fact.. I would like to try some shoes on.
Il commesso	**Bene. Mi dica quali vuole provare?** Certainly. Which ones would you like to try on?
Il cliente	**Quelle lassù, a destra sullo scaffale.** Those over there, on the right on the shelf.

Il commesso	**Va bene. Che misura porta?** Of course. What size do you take?
Il cliente	**Quarantatre. Possibilmente le vorrei in marrone.** Ten [43 in European sizes]. In brown, possibly?
Il commesso	**Misura quarantatre in marrone. Questo modello è stato molto richiesto, non so se ne sia rimasto ancora qualche paio. Attenda un momento, vado a vedere.** Size ten in brown. This style has been very popular, I don't know if there are any pairs left. Wait a moment, I'll go and check.

Qualche minuto dopo, il commesso ritorna a mani vuote.
A few minutes later, the shop assistant returns empty-handed.

Il commesso	**Mi dispiace, ma nella sua misura in marrone non ce ne sono più.** I am sorry, but there aren't any left in your size in brown.
Il cliente	**E in nero?** And in black?
Il commesso	**No, mi dispiace, non ci sono neppure in nero.** No, I am sorry, there aren't any in black either.
Il cliente	**Che peccato! Questo modello è il più bello che abbia visto fin ora! Non potreste ordinarne altre paia della mia misura?** What a pity! This style is the nicest I've seen so far! Couldn't you order some more pairs in my size?
Il commesso	**Proverò a farmele mandare dal deposito. Se può ripassare . . .** I will try and get them sent over from the warehouse. If you could come back again . . .
Il cliente	**Quando pensa che arrivino in negozio?** When do you think they will arrive in the store?
Il commesso	**Spero che me le facciano avere domani pomeriggio. Così se Lei ritorna domani sera le trova.** I hope they can let me have them by tomorrow afternoon. So if you drop by again tomorrow evening you will have them.
Il cliente	**Domani sera va bene! A che ora chiudete?** Tomorrow evening is fine! What time do you close?

Il commesso	Chiudiamo alle 19,30 in punto. Le consiglio di venire almeno mezz'ora prima.
	We close at 7.30 p.m. sharp. I suggest you come at least a half-hour earlier.
Il cliente	Non si preoccupi, verrò senz'altro prima che il negozio chiuda. Ma adesso dovrei comprare anche delle cravatte e qualche regalo per degli amici stranieri. A che reparto devo andare?
	Don't worry, I will certainly come before the store closes. But now I have to buy some ties and a few presents for some foreign friends. Which department should I to go to?
Il commesso	Se va al pianoterra, trova tutto quello che cerca. Guardi, l'ascensore è proprio dietro di Lei. Scenda al pianoterra e vedrà il reparto abbigliamento per uomo, con cravatte, camice, pantaloni, eccetera. Il reparto regali invece è vicino all'ingresso principale, dall'altra parte del negozio.
	If you go to the first floor, you will find everything you are looking for. Look, the elevator is just behind you. Go down to the first floor and you will see the menswear department, with ties, shirts, pants, and so on. The gift counter however is near the main entrance, on the other side of the store.
Il cliente	Molto gentile, grazie! Ci vediamo domani. E non dimentichi di ordinare le mie scarpe.
	You are very kind, thanks! See you tomorrow. And don't forget to order my shoes!
Il commesso	Stia tranquillo che non me ne dimentico. A domani!
	You can be sure I won't forget. See you tomorrow!

1. LEGGI E RIPETI

La stanno servendo? (La staanno servayndo?)
Vorrei provare delle scarpe. (Vorre-ee provaare daylle scaarpe)
lassù (lassoo)
a destra sullo scaffale (a daystra soollo scaffaale)
Che misura porta di scarpe? (Cay meesoora pohrta dee scaarpe?)
Che taglia porta di camicia? (Cay taalya pohrta dee cameecha?)
possibilmente in marrone (posseebeelmaynte een marrohne)
Questo modello è stato molto richiesto. (Cwaysto modayllo e staato mohlto reeceeaysto)

Non so se ne sia rimasto ancora qualche paio. (Non so se ne seea reemaasto ancohra cwaalce paayo)

Temo che non ne siano rimasti. (Taymo ce non ne seeano reemaastee)

Attenda, vado a vedere. (Attaynda, vaado a vedayre)

a mani vuote (a maanee vwohtee)

Questa misura non c'è più. (Cwaysta meesoora non che pyoo)

Questa taglia non c'è più. (Cwaysta taalya non che pyoo)

Quel modello non c'è più. (Cwayl modayllo non che pyoo)

È il modello più bello che abbia visto fin ora. (E eel modayllo pyoo bayllo ce aabbeea veesto feen ohra)

Potete ordinarne altre paia? (Potayte ordeenaarne aaltre paaeea?)

Me le farò mandare dal deposito. (Me le faro mandaare dal depohseeto)

Può ripassare? (Pwo reepassaare?)

Quando pensa che mandino le scarpe dal deposito? (Cwaando paynsa ce maandeeno lay scaarpe dal depohseeto?)

Quando pensa che arrivino in negozio? (Cwaando paynsa ce arreeveeno een negohtzeeo?)

Spero che me li facciano avere presto. (Spayro che me lee faacheeano avayre praysto)

Se ritorna domani trova le sue scarpe. (Se reetohrna domaanee trohva lay sooe scaarpe)

Quando ritornerà le troverà? (Cwaando reetornera lay trovera?)

A che ora chiudete?/aprite? (A cay ohra cyoodayte?/apreete?)

Quando chiudete?/aprite? (Cwaando cyoodayte?/apreete?)

Domani va bene. (Domaani va bayne)

Apriamo alle otto e mezza in punto. (Apreeaamo aalle ohtto e maytza een poonto)

Chiudiamo alle diciannove e trenta in punto. (Cyoodeeaamo aalle deeceeannohve e traynta een poonto)

Le consiglio di venire prima. (Lay conseelyo dee veneere preema)

Verrò senz'altro prima. (Verro sentzaaltro preema)

Verrò prima che il negozio chiuda. (Verro preema ce eel negohtzeeo cyooda)

Vorrei comprare delle cravatte. (Vorrayee compraare daylle cravaatte)

Qualche regalo per gli amici stranieri. (Cwaalce regaalo payr lyee ameechee stranyayree)

A che reparto devo andare? (A ce repaarto dayvo andaare?)

al pianoterra (al peeano-tayrra)

tutto quello che cerca (tootto cwayllo ce chayrca)

Se va al pianoterra, troverà quello che cerca. (Se va al peeano-tayrra, trovera cwayllo ce chayrca)

Vada al pianoterra e troverà quello che cerca. (Vaada al peeano-
tayrra e trovera cwayllo ce chayrca)
L'ascensore è dietro di lei. (Lashensohre e deeaytro di lay-ee)
appena uscito (appayna oosheeto)
abbigliamento per uomo (abbeelyamaynto payr wohmo)
vicino all'uscita (veecheeno alloosheeta)
vicino all'ingresso principale (veecheeno alleengraysso
preencheepaale)
dall'altra parte del negozio (dallaaltra paarte del negohtzeeo)
Molto gentile, grazie. (Mohlto genteele, graatzee-e)
Non dimentichi di ordinare le scarpe. (Non deemaynteecee dee
ordinaare lay scaarpe)
Stia tranquillo. (Steea trancweello)
A domani. (A domaanee)

2. DOMANDE E RISPOSTE

La stanno servendo?	**Sì, grazie.**
Can I help you?	Yes, thanks.
	Veramente vorrei provare un paio di scarpe.
	I would like to try a pair of shoes.
Quali scarpe vuole provare?	**Voglio provare quelle in marrone.**
Which shoes would you like to try?	I would like to try those brown ones.
Quale paio di scarpe vuole provare?	**Voglio provare quel paio in marrone.**
Which pair of shoes would you like to try?	I would like to try that brown pair.
Dove sono le scarpe?	**Sono lassù, a destra sullo scaffale.**
Where are the shoes?	They are over there on the right on the shelf.
Che misura porta?	**Porto la quarantatre.**
What size do you take?	I take a ten (43 in European sizes).
Che taglia di giacca porta?	**Porto la quarantadue.**
What size of jacket do you take?	I take a 42.

Avete delle scarpe della mia misura?
Do you have any shoes in my size?

Temo che non ce ne siano più.
I don't think that we have any left.

Avete una giacca della mia taglia?
Do you have a jacket in my size?

Temo che non ce ne siano più.
I don't think that we have any left.

Potete ordinarne altre paia?

Could you order another pair (of them)?

Sì, possiamo farcele mandare dal deposito.
Yes, we can have them sent over from the warehouse.

Quando pensa che arrivino?
When do you think they will arrive?

Spero che arrivino presto.
I hope they will arrive soon.

Quando devo ritornare?
When should I come back?

Ritorni domani.
Come back tomorrow.

Che orario fate?
What are your opening hours?

Siamo aperti dalle 8,30 alle 12,30 e dalle 14 alle 19,30. Chiudiamo alle 19,30 in punto.
We are open from 8.30 to 12.30 and from 2 p.m. to 7.30 p.m. We close at 7.30 sharp.

Quando mi consiglia di venire?

When do you suggest that I come?

Venga mezz'ora prima che il negozio chiuda.
Come a half-hour before closing time.

Cosa mi consiglia di fare?
What do you suggest that I do?

Faccia tutto il possibile per riuscire.
Do everything possible to manage it.

Cos'altro deve comprare?

What else do you have to buy?

Dovrei comprare degli articoli di abbigliamento e qualche regalo.
I have to buy some clothes and a few presents.

A che reparto devo andare?

Which department do I have to go to?

Vada al pianoterra, al reparto uomo.
Go to the first floor, the men's department.

Dov'è l'ascensore?
Where is the elevator?

È proprio dietro di Lei.
It's just behind you.

Dov'è il reparto regali?
Where is the gift counter ?

È vicino all'ingresso principale, dall'altra parte del negozio.
It is near the main entrance, on the other side of the store.

Mi promette di non dimenticarsene?
Promise you won't forget, will you?

Stia tranquillo, non me ne dimenticherò (formal).
I won't, don't worry.

Mi promette di ricordarsene?

Promise you will remember, won't you?

Stia tranquillo, me ne ricorderò (formal).
I will, don't worry.

3. ADESSO RICORDA . . .

COME SI DICE?

I would like to try some shoes on.	**Vorrei provare delle scarpe.**
I would like to try a jacket on.	**Vorrei provare una giacca.**
My shoe size is ten.	**La mia misura di scarpe è quarantatre.**
I would like a jacket size 42 in blue.	**Vorrei una giacca taglia quarantadue in blu.**
This style is the nicest I have seen so far.	**Questo modello è il più bello che abbia visto fin ora.**
Couldn't you order more?	**Non può ordinarne ancora?**
I will certainly come before the store closes.	**Verrò senz'altro prima che il negozio chiuda.**
I am looking for the menswear department.	**Sto cercando il reparto abbigliamento per uomo.**
Which department do I have to go to?	**A che reparto devo andare?**
If I come tomorrow, will I find them?	**Se vengo domani, li trovo?**
You won't forget, will you?	**Non se ne dimenticherà, vero?**
You will remember, won't you?	**Se ne ricorderà, vero?**
See you tomorrow!	**A domani!**

4. GRAMMATICA

HAI NOTATO?

Did you notice the following sentences?

Non so se ne <u>sia</u> rimasto ancora qualche paio.

Questo modello è il più bello che <u>abbia</u> visto fin ora.

Sia and **abbia** are forms of *the present subjunctive*. We have already seen the present subjunctive used in the polite imperative form.

As a rule:

> **-are** verbs take the following endings on the stem of the verb:
> **-i, -i, -i, -iamo, -iate, -ino**
>
> **-ere** and **-ire** verbs take the following endings on the stem of the verb:
> **-a, -a, -a, -iamo, -iate, -ano**

Note that the *we* form of the present subjunctive for verbs ending in **-are, -ere** and **-ire** has the same ending as the *we* form in the simple present **-iamo**.

Now let's compare the simple present with the present subjunctive of two common verbs, **arrivare** and **venire**.

Simple Present	*Present Subjunctive*
arrivo	arrivi
arrivi	arrivi
arriva	arrivi
arriviamo	arriviamo
arrivate	arriviate
arrivano	arrivino
vengo	venga
vieni	venga
viene	venga
veniamo	veniamo
venite	veniate
vengono	vengano

Certamente arrivo domani.
Non è certo che arrivi domani.

Certamente vengo domani.
Non è certo che veng**a** domani.

The present subjunctive of **fare, essere** and **avere** are irregular:

faccia	sia	abbia
faccia	sia	abbia
faccia	sia	abbia
facciamo	siamo	abbiamo
facciate	siate	abbiate
facciano	siano	abbiano

The subjunctive is required in the following circumstances:

1. to express hopes and desires, after:

spero che: I hope
voglio che: I want
desidero che: I want/I wish
credo che: I believe
vorrei che: I wish

Spero che mi facciano avere le scarpe domani.
I hope they can let me have the shoes tomorrow.

Voglio che tu venga presto.
I want you to come soon.

Desidero che tu faccia bene, sia felice e abbia successo.
I want you to do well and to be happy and successful.

Credo che arrivi alle otto.
I believe he is arriving at 8.

Vorrei che fosse qui.
I wish he were here.

2. to express emotions, fears, doubts and disappointment, after:

temo che: I am afraid
vorrei che: I wish
mi dispiace che: I feel sorry, I regret
non credo che: I don't believe, I doubt

Temo che non venga.
I am afraid he won't come.

Mi dispiace che non sia qui.
I'm sorry that he's not here.

Non credo che arrivi in orario.
I doubt he will arrive on time.

3. to express opinions, after:

è bene/è meglio che: it is better/it would be better

or with impersonal verbs, for example:

bisogna/è necessario: it is necessary/it needs

È bene che faccia tutto il lavoro oggi.
It is better to finish the work by today.

È meglio che vada a vedere.
It is better to go and see.

Bisogna/È necessario che il messaggio arrivi al più presto.
It is necessary that the message arrives there as soon as possible.

4. with certain conjunctions, such as:

prima che: before
affinchè/perchè: so that
purchè: as long as
sebbene/benchè: although
a meno che: unless
nonostante: in spite of the fact

Verrò prima che il negozio chiuda.
I will come before the store closes.

Finirò prima che arrivino i clienti.
I will finish before the clients arrive.

Glielo dirò perchè sappia tutto.
I will tell him so that he knows everything.

Sebbene sia tardi, verrò lo stesso .
Although it is late, I will come all the same.

A meno che non mi aiutiate non finirò questo lavoro.
Unless you help me I won't finish this work.

5. with the superlative, when it is followed by a relative clause
   beginning with **che**:

È la piu bella ragazza che abbia mai visto.
She is the most beautiful girl I have ever seen.

È l'amico migliore che abbia.
He is the best friend I have.

È il negozio più caro che ci sia in questa città.
It is the most expensive store in town.

È la qualità migliore che ci sia sul mercato.
It is the best quality on the market.

È il miglior investimento che abbia mai fatto.
It is the best investment I have ever made.

È il modello più bello che abbia visto fin ora.
It is the nicest style I have seen so far.

IL VOCABOLARIO

abbinare: to combine, to link, to match
intonarsi (di colore): to match
provare: to try
provarsi: to try on
provare un sentimento: to feel
provare/sperimentare: to experience
richiedere: to ask again, to ask for
essere molto richiesto: to be popular, to be in great demand
richiesta: request, application, demand
a richiesta: on request
Si richiede tempo e pazienza.: Time and patience are required.
ordinare: to order, to command
ordine: order
ordine del giorno: agenda
ordinare la casa/mettere in ordine: to tidy up
tirare: to pull
spingere: to push
ritirare: to collect /to pick up, to take back
ritornare: to come back
rimanere/restare: to stay/ to remain
ricordarsi di: to remember
Me ne ricorderò.: I will remember it.
ricordare/richiamare alla memoria: to remind
dimenticarsi di: to forget about
non me ne dimenticherò: I won't forget
suggerire/proporre: to suggest
suggerire di fare: to suggest doing
sformarsi: to lose its shape
succedere: to happen, to occur
investire: to invest
guidare: to drive

cancellare: to cancel, to erase
spostarsi: to move
reparto: department, unit
deposito: warehouse
pianoterra: first floor
reparto uomo: man's wear department
reparto regali: gift counter
regalo: present
articoli da regalo: gifts
confezione regalo: gift pack
il cassiere/la cassiera: cashier
la scala mobile: escalator
abbigliamento per uomo: menswear, men's clothing
abbigliamento femminile: women's fashions
articolo/capo di abbigliamento: article of clothing
vestiti confezionati: ready-to-wear clothes
la maglieria: knitwear
la biancheria: linen
biancheria intima: underwear
caporeparto: department manager
banco di vendita: sales counter
banco delle occasioni: bargain counter
svendita: bargain sale
esposizione: display
sfilata di moda: fashion show
essere di moda: to be in fashion
essere fuori moda: to be old fashioned
rivista di moda: fashion magazine
industria dell'abbigliamento: clothing industry
investimento: investment
modello: model, style
modello/forma: style, shape
di ogni forma e dimensione: in all shapes and sizes
essere in forma: to be in good shape
essere giù di forma: to be in poor shape
modulo: form
misura: measure, size
misura di scarpa: shoe size
taglia di vestito: dress size
Che taglia porta?: What size do you take?
sciocchezza: nonsense, rubbish
sole: sun
commesso: shop assistant
scaffale: shelf

paio (pl. **paia**): pair
lana: wool; **di lana**: woollen

tranquillo: calm, peaceful
Non si preoccupi/Stia tranquillo (formal): Don't worry/Stay calm
Stia tranquillo che ce la fa! (formal): Don't worry, it will be all right!
ricco: rich
povero: poor
prudente: wary
appena: as soon as possible
lassù: over there
in punto: sharp
possibilmente/eventualmente: possibly, perhaps, if necessary

Quale? (masc & fem. sing)/**Quali?** (masc. & fem plural): what? which?
Quale giorno preferisci?: Which day do you prefer?
Quali giorni preferisci? (m. plural)
Quale stanza hai prenotato?: Which room did you book?
Quali stanze hai prenotato? (f. plural)
tale e quale: just like
qualche volta: sometimes, a few times
l'altro giorno: the other day
ieri sera: last night
senz'altro: without fail

ALCUNO/QUALCHE

Note the difference between the adjectives **alcuno** and **qualche**, meaning *some, a few*.

Alcuno agrees in number and gender with the noun to which it refers, whereas **qualche** does not change and is always followed by a singular noun.

> **alcun/alcuno, alcuni**
> **alcun'/alcuna, alcune**

Ho trascorso **alcune belle giornate** al mare.
Ho trascorso **alcuni giorni** al mare.

But:

Ho trascorso **qualche giorno** al mare.
I spent a few days by the sea.

1. MAKE THESE SENTENCES IMPERSONAL BY USING THE EXPRESSIONS INDICATED AND PUTTING THE VERB UNDERLINED INTO THE PRESENT SUBJUNCTIVE.

Ex:

La signora è sempre sola - **È male che sia sola**

1. I turisti fanno le valigie - È meglio che ____

2. Quel signore è molto ricco - Non basta che ____

3. I ragazzi guidano con prudenza - È necessario che ____

4. I clienti arrivano puntualmente alle sei - Bisogna che ____

5. Gli studenti fanno tutti gli esercizi - È bene che ____

6. I bambini escono presto da scuola - È male che ____

7. Per essere elegante quella signora compra tutto nei migliori negozi - Non basta che ____

8. Andiamo in vacanza a settembre - È meglio che ____

9. Fate tutto quel lavoro da soli - È bene che ____

10. Al mare restate tutto il tempo al sole - È male che ____

2. COMPLETE THE SENTENCES BY CHANGING THE VERB IN THE INFINITIVE INTO THE PRESENT SUBJUNCTIVE:

Ex:

È meglio dirgli tutto prima che lo (*venire*) a sapere da altri.
È meglio dirgli tutto prima che lo **venga** a sapere da altri.

1. Facciamo tutto il lavoro prima che il direttore (*ritornare*).

2. Scrivo a Carla perchè anche lei (*sapere*).

3. Veniamo stasera a meno che non (*succedere*)qualcosa.

4. Restano a casa benchè tutti (*uscire*).

5. Paul paga il conto sebbene (*essere*) senza soldi.

6. Spero di vedere Giorgio prima che (*partire*).

7. Ti aspettiamo purchè (*fare*) presto.

8. Gli telefono nonostante non lo (*conoscere*) bene.

9. Spero che il treno (*arrivare*) in orario.

10. Temo che tu (*fare*) qualche sciocchezza.

11. Voglio che gli studenti (*studiare*) bene la lezione.

12. Preferisco che tu non (*venire*).

13. Desidero che Anna (*leggere*) questo libro.

3. *IN THE FOLLOWING SENTENCES REPLACE* **ALCUNI/ALCUNE** *WITH* **QUALCHE**. *REMEMBER THAT* **QUALCHE** *IS ALWAYS FOLLOWED BY A SINGULAR NOUN, SO GIVE THE SINGULAR FORM OF THE VERB WHERE APPROPRIATE.*

Ex:
Abbiamo provato alcune giacche di lana.
Abbiamo provato **qualche giacca** di lana.

A causa dello sciopero alcuni treni sono stati cancellati.
A causa dello sciopero **qualche treno** è stato cancellato.

1. Il commesso ci ha mostrato alcuni modelli di scarpe.

2. Ci vogliono alcune ore di viaggio in macchina per spostarsi dal sud al nord.

3. Giulio ha comprato alcune bottiglie di vino.

4. Puoi prestarmi alcuni libri?

5. La sera Anna e Giulio ascoltano alcuni dischi di musica classica.

6. In questa città si pubblicano alcuni giornali.

UNA FESTA DI MATRIMONIO

A WEDDING PARTY

Anna e Giulio si sposano. È la sera prima del matrimonio e Paul e i Valli sono di nuovo a casa di Anna per fare gli auguri e festeggiare la nuova coppia.

La tavola è imbandita con antipasti, aragoste, piatti di carne fredda, cestini pieni di frutta, una torta bianca nuziale e diverse bottiglie di spumante.

Anna and Giulio are getting married. It is the evening before the wedding and Paul and the Vallis are once again at Anna's place to give all their best wishes and have a celebration for the new couple. The table is lavishly decked with appetizers, lobsters, cold meat dishes, baskets full of fruit, a white wedding cake and several bottles of sparkling wine.

Carla Valli Felicitazioni e auguri alla bella coppia.
Congratulations and best wishes to the lovely couple.

Marco Valli	**Sono contentissimo di essere ritornato a Roma per un avvenimento così importante. Voi siete i nostri amici più cari e siamo felici di vedervi sistemati insieme.** I am very happy to be back in Rome for such an important occasion. You are our dearest friends and we are happy to see you settling down together.
Anna	**Anche voi ci siete molto cari e siamo felici di avervi qui con noi.** You are also very dear to us and we are happy to have you here with us.
Giulio	**Grazie di essere venuti e di partecipare al nostro matrimonio.** Thank you for coming and for attending our wedding.
Anna	**Molte grazie anche a Paul che ha fatto in modo di venire malgrado gli impegni del suo nuovo lavoro.** Many thanks to Paul too, who has managed to come in spite of his demanding new job.
Paul	**Sono venuto per rivedervi e per ricordare i bei tempi passati a Milano. Ma devo confessare di essere un po' invidioso di te, Giulio. Se fossi più vecchio sposerei io Anna! Tu sei un uomo fortunato!** I have come to see you again and to remember the good times spent in Milan. But I must confess to being a little envious of you, Giulio. If I were older, I would marry Anna myself! You are a lucky man!
Anna	**Stai scherzando! So che hai trovato una bella ragazza e spero che ce la farai incontrare la prossima volta che verremo a Boston.** You must be joking! I know you have a lovely girlfriend and I hope you will let us meet her when we next come to Boston.
Paul	**Va bene, lo farò. Ma voi quando verrete?** O.K., I will. But when are you coming?
Giulio	**Saremmo venuti volentieri per la luna di miele, ma purtroppo non abbiamo abbastanza tempo.** **Comunque speriamo di poter venire presto.** We would have liked to come for our honeymoon, but unfortunately we don't have enough time. Anyway we hope we will be able to come soon.

Carla	**E dove andate dopo il matrimonio?** And where are you going after the wedding?
Anna	**Passeremo solo qualche giorno in Riviera. Sfortunatamente dobbiamo ritornare al lavoro tra dieci giorni. E voi quanto tempo restate in vacanza questa volta?** We are only going to spend a few days on the Riviera. Unfortunately, we have to be back at work in ten days' time. And how long are you on vacation this time?
Marco	**Due settimane circa. Pensavo di portare Carla a fare un giretto in Toscana. Lei infatti non c'è mai stata. Ma non abbiamo ancora deciso come andarci, in macchina o con il treno.** A couple of weeks. I was thinking of taking Carla on a little tour around Tuscany. As a matter of fact, she has never been there. But we haven't decided yet whether to go there by car or by train.
Giulio	**Posso prestarvi la mia macchina. A me non serve e Anna preferisce guidare la sua per andare sù a Portofino. Inoltre so che Lei, professore, guida con molta prudenza.** I can lend you my car. I don't need it and Anna prefers to drive her own to go up to Portofino. Besides I know that you are a very careful driver, Mr. Valli.
Marco	**Io sono prudente, ma non so . . . Comunque sei molto gentile, ma non so se potrò accettare la tua offerta. Forse è più comodo e meno complicato andare in treno.** I am careful, but I don't know . . . Anyway you are very kind, but I don't know if I can accept your offer. Perhaps it's more comfortable and less complicated to go by train.
Giulio	**Faccia come crede. Ma sappia che la mia macchina è qui a sua disposizione in qualunque momento.** Do as you wish. But you know that my car is here at your disposal at any time.
Marco	**Grazie infinite. Ma adesso vorrei brindare alla vostra salute.** Many thanks. But now I would like to drink a toast to your health.

Anna	**Certo. Ecco i bicchieri. Apriamo le bottiglie di spumante e mettiamoci a tavola.** Of course. Here are the glasses. Let's open the bottles of sparkling wine and sit down at the table.
Paul	**Sì, facciamo un brindisi alla coppia più bella!** Yes, let's drink a toast to the loveliest couple!
Carla e Marco	**Salute e felicità!** To your health and happiness!
Anna e Giulio	**Salute!** Cheers!

1. LEGGI E RIPETI

una festa di matrimonio (oona faysta dee matreemohneeo)
luna di miele (loona dee meayle)
la tavola imbandita (la taavola eembandeeta)
antipasti (anteepaasti)
carne fredda (caarne fraydda)
bottiglie di spumante (botteelyee-e dee spoomaante)
cestino di frutta (chaysteeno dee frootta)
torta nuziale (tohrta nutzeeaale)
felicitazioni e auguri (feleecheetatzeeohnee e aoogooree)
i nostri amici più cari (ee nohstree ameechee pyoo caaree)
ci siete molto cari (chee siayte mohlto caaree)
Siamo felici di vedervi sistemati. (Seeaamo feleechi dee vedayrvee seestemaatee)
Siamo felici di avervi qui con noi. (Seeaamo feleechi dee avayrvee cwee con nohee)
grazie di essere venuti (graatzee-e dee ayssere venootee)
Ha fatto in modo di venire. (A faatto een mohdo dee veneere)
malgrado gli impegni (malgraado lyee impaynyee)
ricordare i bei tempi (reecordaare ee bayee taympee)
Devo confessare di essere invidioso. (Dayvo confessaare dee ayssere eenveedeeohso)
Se fossi più vecchio mi sposerei. (Se fohssi pyoo vaycceeo, mee sposerayee)
Sei fortunato! (Sayee fortoonaato!)
Stai scherzando! (Staaee scerzaando!)
Saremmo venuti volentieri. (Saraymmo venooti volenteeayree)
Purtroppo non abbiamo abbastanza tempo. (Poortrohppo non abbeeaamo abbastaantza taympo)

Speriamo di poter venire presto. (Spereeaamo dee potayr veneere praysto)

Sfortunatamente dobbiamo ritornare al lavoro. (Sfortoonatamaynte dohbbeeamo reetornaare al lavohro)

Fare un giretto in Toscana. (Faare oon geeraytto een Toscaana)

Non abbiamo ancora deciso. (Non abbeeaamo ancohra decheeso)

Mi presti la tua macchina? (Mee praystee la tooa maacceena?)

Mi presteresti la tua macchina? (Mee presteraystee la tooa maacceena?)

Sì, te la presto volentieri. (See, tay la praysto volenteeayree) *I will lend it to you with pleasure.*

Te la presterei, ma non posso. (Tay la presterayee, ma non pohsso) *I would lend it to you but I can't.*

non mi serve (non mee sayrve)

Preferisce guidare la sua macchina. (Prefereeshe gweedaare la sooa maacceena)

Lei guida con prudenza. (Layee gweeda con proodayntza)

Non so se potrò accettare questa offerta. (Non so se potro achettaare cwaysta offayrta)

È più comodo e meno complicato. (E pyoo cohmodo e mayno compleecaato)

Faccia come crede/vuole. (formal) (Faacheea cohme crayde/vwohle)

Fai come vuoi. (informal) (Faaee cohme vwohee)

La mia macchina è a Sua disposizione. (formal) (La meea maacceena e a sooa deesposeetzeeohne)

La mia macchina è a tua disposizione. (informal) (La meea maacceena e a tooa deesposeetzeeohne)

in qualunque momento (een cwalooncwe momaynto)

Grazie infinite. (Graatzee-e eenfeeneete)

Vorrei brindare alla vostra salute. (Vorrayee breendaare aalla vohstra saloote)

Apriamo lo spumante. (Apreeaamo lo spoomaante)

Mettiamoci a tavola. (Metteeaamochee a taavola)

Alla vostra salute! Brindiamo alla coppia più bella! (Aalla vohstra saloote! Breendeeaamo aalla cohppeea pyoo baylla!)

2. DOMANDE E RISPOSTE

Perchè i Valli sono ritornati a Roma? Why have the Vallis returned to Rome?	Perchè Anna e Giulio si sposano. Because Anna and Giulio are getting married.

Perchè Paul è invidioso di Giulio?
Why is Paul envious of Giulio?

Perchè Giulio è fortunato e sta per sposare Anna.
Because Giulio is lucky that he is going to marry Anna.

Cosa farebbe Paul se fosse più vecchio?
What would Paul do if he were older?

Sposerebbe Anna.
He would marry Anna.

Dove vanno Anna e Giulio in luna di miele?
Where are Anna and Giulio going on honeymoon?

Vanno in Riviera, a Portofino.
They are going to the Riviera, to Portofino.

Quanti giorni restano in Riviera?
How many days are they staying on the Riviera?

Dieci giorni.
Ten days.

Come vanno in Riviera?
How are they going to the Riviera?

Ci vanno in macchina.
They are going by car.

Chi guida?
Who is driving?

Guida Anna. Preferisce guidare la sua macchina.
Anna is driving. She prefers to drive her car.

Dove vanno i Valli dopo il matrimonio?
Where are the Vallis going after the wedding?

Vanno a fare un giretto in Toscana.
They are going to go on a little tour around Tuscany.

Quanto tempo restano questa volta in vacanza?
How long are they on vacation for this time?

Due settimane.

Two weeks.

Come vanno in Toscana?
How are they going to Tuscany?

Non hanno ancora deciso. Forse in macchina o con il treno.
They have not yet decided. Perhaps by car or by train.

Come guida Marco Valli?
How does Marco Valli drive?

Guida bene: è molto prudente.
He drives well: he is very careful.

Qual è l'offerta che Giulio fa al Professor Valli?
What offer does Giulio make to Professor Valli?

Gli offre in prestito la sua macchina.
He offers him the loan of his car.

Gli mette a disposizione la sua macchina.
He puts his car at his disposal.

Cosa faresti tu se fossi più ricco?
What would you do if you were richer?

Comprerei un castello.
I would buy a castle.

Dove andate in vacanza?
Where are you going on holiday?

Andiamo in Riviera.
We are going to the Riviera.

Quanto tempo vi fermate?
How long are you staying?

Ci fermiamo due settimane.
We are staying there two weeks.

Come ci andate?
How are you going there?

Ci andiamo in treno, è più comodo e meno complicato.
We are going there by train. It is more comfortable and less complicated.

Tu guidi bene?
Do you drive well?

Sì, guido bene, ma qualche volta vado troppo veloce e sono imprudente.
Yes, I drive well, but sometimes I go too quickly and I am careless.

Ti serve la macchina oggi?
Do you need the car today?

No, non mi serve.
No, I don't need it.

Mi presteresti la tua macchina?
Will you lend me your car?

Sì, te la presto purchè tu sia prudente.
Yes, I will lend it to you as long as you are careful

Mi dispiace, te la presterei ma serve a me.
I am sorry, I would lend it to you but I need it.

A chi brindiamo?
Who are we drinking a toast to?

Brindiamo alla coppia più bella.
We are drinking a toast to the loveliest couple.

COME SI DICE?

appetizers/starters	antipasti
lobsters and cold meat	aragoste e carne fredda
Congratulations!	Congratulazioni!/Felicitazioni!
a wedding party	una festa di matrimonio
to spend the honeymoon	passare la luna di miele
to get married	sposarsi
to settle down	sistemarsi
to take part, attend	partecipare
Thank you for coming.	Grazie per essere venuti.
He managed to come.	Ha fatto in modo di venire.
I remember the good times spent here.	Ricordo i bei tempi passati qui.
You are a lucky man!	Sei un uomo fortunato!
I am a bit envious.	Sono un po' invidioso.
I must confess	devo confessare
If I were older, I would marry her.	Se fossi più vecchio, la sposerei.
If I were richer, I would buy a castle.	Se fossi più ricco, comprerei un castello.
You must be joking!	Stai scherzando!/Vuoi scherzare!
We would have liked to come.	Saremmo venuti volentieri.
Unfortunately, we have to be back in a few days' time.	Sfortunatamente dobbiamo essere di ritorno tra pochi giorni.
We haven't decided yet.	Non abbiamo ancora deciso.
Could I borrow your car?	Mi presteresti la macchina?
I will lend you my car if you are careful.	Ti presterò la macchina se sarai prudente.

I would lend you my car if you were more careful.	**Ti presterei la macchina se fossi più prudente.**
I don't need my car today.	**Non mi serve la macchina oggi.**
Do as you wish (formal)	**Faccia come crede/come vuole.**
(informal)	**Fai come credi.**
It is at your disposal at any time.	**È a Sua disposizione in ogni momento** (singular).
	È a Vostra disposizione (plural).
I would like to propose a toast.	**Vorrei brindare.**
I would like to drink to your health.	**Vorrei bere alla vostra salute.**
Let us drink a toast.	**Facciamo un brindisi.**

4. GRAMMATICA

HAI NOTATO?

Did you notice the following sentences?

vorrei provare delle scarpe
potreste ordinarne altre paia
sposerei Anna
mi **presteresti** la macchina
saremmo venuti volentieri

The verbs in these sentences are all forms of the *present conditional*.

The *present conditional* is formed by using the same stem as the future (see lesson 11) and adding the endings

> -ei, -esti, -ebbe, -emmo, -este, -ebbero.

Let's compare the future with the present conditional of the verbs **parlare, leggere, venire** and **preferire**.

Future	*Present Conditional*
parlerò	parlerei
parlerai	parleresti
parlerà	parlerebbe
parleremo	parleremmo
parlerete	parlereste
parleranno	parlerebbero
leggerò	leggerei
leggerai	leggeresti
leggerà	leggerebbe
leggeremo	leggeremmo
leggerete	leggereste
leggeranno	leggerebbero
verrò	verrei
verrai	verresti
verrà	verrebbe
verremo	verremmo
verrete	verreste
verranno	verrebbero
preferirò	preferirei
preferirai	preferiresti
preferirà	preferirebbe
preferiremo	preferiremmo
preferirete	preferireste
preferiranno	preferirebbero

Verbs which are irregular in the future are also irregular in the present conditional.

The verb **essere** follows its own pattern, which you should learn separately.

essere
sarei
saresti
sarebbe
saremmo
sareste
sarebbero

The *present conditional* is used:

1. *to express willingness or unwillingness to do something, provided certain conditions are fulfilled:*

Solo in quel caso verrei e lo aiuterei.
Only in that case would I come and help him.

2. *as in English it is often used to soften a request:*

Mi poterebbe indicare dov'è il Duomo? (formal)
Could you show me where the Duomo is?

Vorrei spedire questo pacco.
I would like to send off this parcel.

Le dispiacerebbe chiudere quella porta? (formal)
Would you mind closing that door?

Mi presteresti la macchina? (informal)
Could I borrow your car?

3. *to suggest uncertainty or to offer tentative advice:*

Dovresti farlo in questo modo.
This is the way you should do it.

Dovrei andare adesso.
I should go now.

SE, QUALORA, PURCHÈ, NEL CASO CHE . . .

Conditional sentences in Italian can be introduced by a number of conjunctions, including **se, qualora, purchè, nel caso che**, meaning *if, in case, whenever.*

Here are some basic constructions of conditional sentences:

(a) *Possible condition*

se + future + future

Verrò se avrò tempo.
I will come if I have time.

or

se + simple present + simple present

Vengo se ho tempo.

Remember these sentences from Lezione 18:

Se va al pianoterra trova tutto quello che cerca.
Se ritorna domani sera trova le sue scarpe.

and in Lezione 19 you have:

Ti presterò la macchina se sarai prudente.
Quando verremo a Boston ci farai incontrare la tua ragazza.

(b) *Improbable condition:*

se + past subjunctive + present conditional

Verrei se avessi tempo.
I would come if I had time.

Paul sposerebbe Anna se fosse più vecchio.
Paul would marry Anna if he were older.

Ti presterei la macchina se fossi più prudente.
I would lend you the car if you were more careful.

Se fosse più vecchio ... If I were richer ...

Fosse is an example of the *imperfect subjunctive*. The *imperfect subjunctive* is formed by adding the following endings to the stem of the verb:

> **-are** verbs: -assi, -assi, -asse, -assimo, -aste, -assero
>
> **-ere** verbs: -essi, -essi, -esse, -essimo, -este, -essero
>
> **-ire** verbs: -issi, -issi, -isse, -issimo, -iste, -issero

The imperfect subjunctives of some common irregular verbs are as follows:

avere	avessi
essere	fossi
fare	facessi
dare	dessi
stare	stessi
dovere	dovessi
potere	potessi
volere	volessi

The imperfect subjunctive is used in conditional sentences beginning with se when the main verb is in the *conditional* tense.

Se avessi più tempo li aiuterei.
If I had more time I would help them.

Se Clara abitasse a Milano la vedrei più spesso.
If Clara lived in Milan I would see her more often.

Se fossi in te andrei in vacanza.
If I were you I would go on vacation.

Se Anna e Giulio venissero a Milano sarebbero nostri ospiti.
If Anna and Giulio came to Milan they would be our guests.

FARE

In Lezioni 17 and 18 you saw a number of instances of **fare** followed by the infinitive.

Facciamo decidere alle ragazze dove andare.
Spero che **mi facciano avere** le scarpe.
Proverò a **farmi mandare** le scarpe domani.

Here are some more examples using this construction, which can be used to convey a variety of meanings in English.

Mi farò cambiare queste scarpe.
I will have these shoes exchanged.

Me le farò cambiare da Carla.
I will have them exchanged by Carla.

Quando viene gli faccio visitare l'appartamento.
When he comes I will get him to visit my appartment.

Gli ho fatto cambiare idea.
I made him change his mind.

L'ho fatto smettere.
I made him stop.

Mi farò tagliare i capelli .
I will have my hair cut.

Ho fatto riparare la macchina.
I had my car repaired.

Ho fatto spedire un pacco a mio fratello.
I had a parcel sent to my brother.

Falli entrare.
Let them in.

Fallo fare a me.
Let me do it.

Note also the expressions:

Ci penso io. (informal)
Lasci fare a me. (formal)
Leave it to me.

IL VOCABOLARIO

brindare: to make a toast
brindare alla vostra salute: to drink to your health
fare un brindisi a: to drink a toast to
festeggiare: to celebrate
augurare: to wish
fare gli auguri: give one's best wishes
prestare: to borrow/to lend
dare in prestito: to lend
affittare: to rent
sposarsi: to get married
sistemarsi: to settle down
fermarsi/restare: to stay, to stop/to spend
partecipare: to take part, attend
guidare: to drive
moderare la velocità: to slow down
pensare: to think
decidere: to decide
confessare: to confess
scherzare: to joke
ospitare: to put up, to accommodate
fare un giretto: to go on a little tour
fare uno scherzo: to play a joke
mettersi a tavola: to sit down at the table
fare in modo/riuscire a fare qualcosa/cavarsela: to manage
mettere qualcosa a disposizione di qualcuno: to place something at
   someone's disposal

faccia come crede/vuole (formal): do as you wish
fai come ti pare (informal): suit yourself
stai scherzando! (informal): you must be joking/kidding!

augurio: greeting
biglietto di auguri: greetings card
felicità: happiness
salute: health
offerta: offer
carne fredda: cold meat
cestino: basket
bottiglia: bottle
bicchiere: glass
frutta: fruit
aragosta: lobster
antipasto: appetizer/starter

personaggio: character
matrimonio/nozze: wedding
regalo di nozze: wedding present
la sposa: bride
lo sposo: bridegroom
coppia: couple
una bella coppia: a lovely couple
luna di miele: honeymoon
imprudenza: foolishness
ospite: guest / host

nuziale (adj): wedding
imprudente: careless, foolish, rash
prudente: careful, wary
invidioso: envious
caro: dear
veloce: fast, quick
lento: slow
pazzo: mad, crazy

comodo: comfortable, convenient
conveniente: cheap, suitable, profitable
comodità: convenience, comfort
conforto: comfort, support
complicato: complicated
disponibile: available

diversi/diverse: several
insieme: together
malgrado: in spite of
purtroppo, sfortunatamente: unfortunately
abbastanza: enough

presto: soon
circa: about
infatti: as a matter of **fact, in fact, actually**
inoltre: besides
qualunque, qualsiasi: any
in qualunque momento: at any time
in qualunque posto, in qualsiasi posto: anywhere
in caso di bisogna: in case of need

Tanti auguri!: Best wishes!
Buona fortuna!: Good luck!
Salute!: Cheers!

ESERCIZI

1. *CHANGE THE VERBS IN THE FOLLOWING SENTENCES FROM THE FUTURE TENSE INTO THE PRESENT CONDITIONAL, TO SUGGEST UNCERTAINTY OR DOUBT.*

Ex:
Parlerò con Anna domani.
Parlerei con Anna domani.

1. Giulio potrà prestarci la macchina.

2. Gli studenti non leggeranno tutti questi libri.

3. Paul preparerà la valigia.

4. I Valli andranno molto volentieri in Toscana.

5. Paul vorrà vedere gli sposi.

6. Gli dirò di venire al matrimonio.

7. Noi non daremo la macchina in prestito a nessuno.

8. Ci aiuterete in caso di bisogno.

9. Dovremo aspettare all'uscita.

10. Farete tutto questo lavoro in una settimana?

2. CHANGE THE VERBS IN THE FOLLOWING SENTENCES FROM THE PRESENT TENSE INTO THE PRESENT CONDITIONAL IN ORDER TO SOFTEN THE REQUEST BEING MADE.

Ex:
Può darci il resto, per favore?
Potrebbe darci il resto, per favore?.

1. Possiamo avere una camera matrimoniale con bagno?

2. Vuole indicarmi la strada per il Duomo?

3. Mi presenti la tua ragazza?

4. Mi fai un favore?

5. Viene a cena con me stasera?

6. Potete fare le valigie subito?

7. Può dirmi dov'è il museo?

8. Vieni più presto?

9. Venite ad aiutarmi?

10. Le dispiace riempire questo modulo?

11. Non volete affittare una macchina?

12. Possiamo usare il telefono?

13. Puoi dirmi che ore sono?

14. Possiamo prenotare un tavolo per stasera?

15. Vuole ritornare domani?

RIVEDIAMO LEZIONI 17 A 19
LET'S REVIEW LESSON 17 TO LESSON 19

Lezione 17 A PROPOSITO DI VITA NOTTURNA

Paul So che tu, Arturo, vieni dal sud d'Italia. Si fa anche lì la stessa vita frenetica che facciamo qui a Milano?

Arturo Penso di sì. Solo gli orari di lavoro sono diversi. Si fa un intervallo più lungo per il pranzo, di solito dalle 13,30 alle 16,30. Tutti vanno a pranzare a casa perchè la famiglia si riunisce per il pasto principale. Poi fanno una breve siesta prima di ritornare al lavoro.

Paul Questo è rilassante. Vorrei poter fare anch'io un riposino dopo un buon pranzo sostanzioso. Ma a che ora vanno a letto la sera?

Arturo Vanno a letto più tardi che a Milano. La vita sociale è molto importante al sud. Si cena tardi, anche dopo le nove di sera. Poi si esce con gli amici, si va al cinema o in discoteca. Oppure si va semplicemente in giro. Nelle città più piccole si riuniscono nella piazza principale: il tempo è quasi sempre bello e si può stare a chiacchierare anche all'aperto.

Paul Questo è stupendo! La prossima volta che vai a casa voglio venire con te e incontrare i tuoi amici. Ma a proposito di vita notturna, noi cosa facciamo stasera?

Arturo	Guarda, ho appena comprato il *Corriere della Sera*. Diamo uno sguardo alla pagina degli spettacoli e vediamo cosa c'è. Poi decidiamo.
Paul	(guardando il giornale) Ci sono molti spettacoli interessanti da vedere. Sono sicuro che noi abbiamo più scelta per la serata dei tuoi amici al sud. La commedia che danno al teatro Manzoni sembra divertente. Tu che ne pensi?
Arturo	Penso che va bene. Ma perchè non telefoniamo ad alcune ragazze del nostro corso e vediamo se vogliono venire con noi?
Paul	Buona idea! Telefoniamo alle ragazze e lasciamo decidere a loro!

Lezione 18 ANDIAMO A FARE SPESE

Il commesso	La stanno servendo?
Il cliente	Beh, veramente . . . vorrei provare delle scarpe.
Il commesso	Bene. Mi dica quali vuole provare?
Il cliente	Quelle lassù, a destra sullo scaffale.
Il commesso	Va bene. Che misura porta?
Il cliente	Quarantatre. Possibilmente le vorrei in marrone.
Il commesso	Misura quarantatre in marrone. Questo modello è stato molto richiesto, non so se ne sia rimasto ancora qualche paio. Attenda un momento vado a vedere.

Qualche minuto dopo, il commesso ritorna a mani vuote.

Il commesso	Mi dispiace, ma nella sua misura in marrone non ce ne sono più.
Il cliente	E in nero?
Il commesso	No, mi dispiace, non ci sono neppure in nero.
Il cliente	Che peccato! Questo modello è il più bello che abbia visto fin ora! Non potreste ordinarne altre paia della mia misura ?
Il commesso	Proverò a farmele mandare dal deposito. Se può ripassare . . .
Il cliente	Quando pensa che arrivino in negozio?
Il commesso	Spero che me le facciano avere domani pomeriggio. Così se Lei ritorna domani sera le trova.
Il cliente	Domani sera va bene! A che ora chiudete?
Il commesso	Chiudiamo alle 19,30 in punto. Le consiglio di venire almeno mezz'ora prima.

Il cliente	Non si preoccupi, verrò senz'altro prima che il negozio chiuda. Ma adesso dovrei comprare anche delle cravatte e qualche regalo per degli amici stranieri. A che reparto devo andare?
Il commesso	Se va al pianoterra, trova tutto quello che cerca. Guardi, l'ascensore è proprio dietro di Lei. Scenda al pianoterra e vedrà il reparto abbigliamento per uomo, con cravatte, camice, pantaloni, eccetera. Il reparto regali invece è vicino all'ingresso principale, dall'altra parte del negozio.
Il cliente	Molto gentile, grazie! Ci vediamo domani. E non dimentichi di ordinare le mie scarpe.
Il commesso	Stia tranquillo che non me ne dimentico. A domani.

Lezione 19 UNA FESTA DI MATRIMONIO

Carla Valli	Felicitazioni e auguri alla bella coppia!
Marco Valli	Sono contentissimo di essere ritornato a Roma per un avvenimento così importante. Voi siete i nostri amici più cari e siamo felici di vedervi sistemati insieme.
Anna	Anche voi ci siete molto cari e siamo felici di avervi qui con noi.
Giulio	Grazie di essere venuti e di partecipare al nostro matrimonio.
Anna	Molte grazie anche a Paul che ha fatto in modo di venire malgrado gli impegni del suo nuovo lavoro.
Paul	Sono venuto per rivedervi e per ricordare i bei tempi passati a Milano. Ma devo confessare di essere un po' invidioso di te, Giulio. Se fossi più vecchio sposerei io Anna. Tu sei un uomo fortunato!
Anna	Stai scherzando! So che hai trovato una bella ragazza e spero che ce la farai incontrare la prossima volta che verremo a Boston.
Paul	Va bene, lo farò. Ma voi quando verrete?
Giulio	Saremmo venuti volentieri per la luna di miele, ma purtroppo non abbiamo abbastanza tempo. Comunque speriamo di poter venire presto.
Carla	E dove andate dopo il matrimonio?
Anna	Passeremo solo qualche giorno in Riviera. Sfortunatamente dobbiamo ritornare al lavoro tra dieci giorni.

E voi quanto tempo restate in vacanza questa volta?

Marco	Due settimane circa. Pensavo di portare Carla a fare un giretto in Toscana. Lei infatti non c'è mai stata. Ma non abbiamo ancora deciso come andarci, in macchina o con il treno.
Giulio	Posso prestarvi la mia macchina . A me non serve e Anna preferisce guidare la sua per andare giù a Portofino. Inoltre so che Lei, professore guida con molta prudenza.
Marco	Io sono prudente, ma non so . . . Comunque sei molto gentile, ma non so se potrò accettare la tua offerta. Forse è più comodo e meno complicato andare in treno.
Giulio	Faccia come crede. ma sappia che la mia macchina è qui a sua disposizione in qualunque momento.
Marco	Grazie infinite. Ma adesso vorrei brindare alla vostra salute.
Anna	Certo. Ecco i bicchieri. Apriamo le bottiglie di spumante e mettiamoci a tavola.
Paul	Sì, facciamo un brindisi alla coppia più bella!
Carla e Marco	Salute e felicità!
Anna e Giulio	Salute!

TEST DI REVISIONE FINALE

1. *FOR SOME REASON OR OTHER, YOU ARE UNABLE TO COMPLY WITH A NUMBER OF REQUESTS. EXPRESS YOUR REGRETS BY PUTTING THE VERB UNDERLINED IN THE CONDITIONAL TENSE AND ADDING THE PHRASE, **VOLENTIERI, MA NON POSSO**.*

Remember that direct and indirect object pronouns go in front of the verb.

Ex:
Mi presti le tua macchina?
Te la presterei volentieri, ma non posso

1. Mi porti una bottiglia di spumante?

2. Mi compri dei giornali?

3. Mi offri un caffè?

4. Mi cambi questi dollari?

5. Mi fai una fotografia?

6. Mi dai una sigaretta?

2. CHANGE THE FOLLOWING SENTENCES FROM IMPROBABLE CONDITIONS TO POSSIBLE CONDITIONS BY PUTTING THE UNDERLINED VERBS EITHER IN THE FUTURE OR IN THE PRESENT, AS APPROPRIATE:

Ex:

Parlerei se mi facessero delle domande.
Parlerò se mi **faranno** delle domande.

Se lo sapessi te lo direi.
Se lo **so** te lo **dico**.

1. Se me la chiedesse gli presterei la macchina.

2. Lo aiuterei se fosse possibile.

3. Li incontreremmo se andassimo alla festa.

4. Se telefonassi potresti, prenotare la stanza.

5. Se mandassi un fax, li informeresti in tempo.

6. Se avessimo più tempo, verremmo a Boston in luna di miele.

3. THIS IS A PAGE FROM GIULIO'S APPOINTMENT BOOK (*AGENDA*). HE HAS WRITTEN VARIOUS REMINDERS TO HIMSELF FOR THINGS HE HAS TO DO THE DAY BEFORE THE WEDDING:

1. ordinare la torta nuziale

2. ritirare il vestito dal negozio

3. mandare le lettere di partecipazione di nozze

4. portare Paul al ristorante

5. comprare lo spumante per la festa

6. andare a prendere i Valli all'aereoporto

7. ordinare i fiori per Anna

8. andare a cena a casa di Anna

Using Giulio's list, describe in Italian what Giulio did the day before the wedding using the **passato prossimo.** Start by saying Giulio was very busy that day.

Il giorno prima del matrimonio, Giulio ____

Prima di pranzo ____

All' ora di pranzo ____

Dopo pranzo ____

Prima di cena ____

La sera poi ____

4. ONLY ONE SENTENCE IN EACH GROUP OF THREE IS CORRECT. WHICH IS IT?

(1)

a. Come si chiama sua moglie, professor Valli?
b. Come si chiama la sua moglie, professor Valli?
c. Come chiama la sua moglie, professor Valli?

a. Anna ha molto amici.
b. Anna ha molti amichi.
c. Anna ha molti amici.

a. Anna è italiana e Giulio ha anche italiano.
b. Anna è italiana e Giulio è italiano anche.
c. Anna è italiana e anche Giulio è italiano.

a. Noi abbiamo prenotato una camera con doccia.
b. Noi è prenotata una camera con doccia.
c. Noi hanno prenotata una camera con doccia.

a. Ha Anna il passaporto? Sì, l'ha.
b. Ha Anna il passaporto? Sì, ha.
c. Ha Anna il passaporto? Sì, ce l'ha.

a. Marco Valli va in Banca a cambiare dei dollari.
c. Marco Valli va per la Banca a cambiare dei dollari.
d. Marco Valli va dalla Banca per cambiare dei dollari.

(2)

a. Anna non ha mai colazione.
b. Anna fa mai colazione.
c. Anna non fa mai colazione.

a. Professore, prefere un cappuccino o un caffè?
b. Professore, preferisce un cappuccino o un caffè?
c. Professore , preferisci un cappuccino o un caffè?

a. La lezione comincia dalle tre e finisce le cinque.
b. La lezione comincia alle tre e finisce alle cinque.
c. La lezione cominciano a tre e finiscono a cinque.

a. Niente dolci, mi fanno male, grazie.
b. No dolci, mi fanno male, grazie.
c. Non dolci, mi fa male, grazie.

a. Per arrivare in centro ci vuole un quarto d'ora.
b. Per arrivare in centro ci vogliono un quarto d'ora.
c. Per arrivare in centro ci mette un quarto d'ora.

a. Tu hai piaciuto la torta?
b. Ti è piaciuta la torta?
c. Ti ha piaciuta la torta?

(3)
a. Andranno in luna di miele in due settimane.
b. Andranno in luna di miele dopo due settimane.
c. Andranno in luna di miele per due settimane.

a. È di Paul quella valigia? Sì, è suo.
b. È di Paul quella valigia? Sì, è il suo.
c. È di Paul quella valigia? Sì, è la sua.

a. Anna conosce Giulio per molti anni.
b. Anna conosce Giulio da molti anni.
c. Anna sa Giulio per molti anni.

a. Mentre ti aspettavo ho letto il giornale.
b. Mentre ti ho aspettato leggevo il giornale.
c. Mentre ti aspetto ho letto il giornale.

a. Il lavoro di Anna è più divertente che conveniente.
b. Il lavoro di Anna è più divertente quanto conveniente.
c. Il lavoro di Anna è il più divertente di conveniente.

a. Ti dispiaceresti prestare la tua macchina?
b. Ti dispiace mi prestare la tua macchina?
c. Ti dispiacerebbe prestarmi la tua macchina?

5. NOW ANSWER THESE QUESTIONS ABOUT YOURSELF AND THIS COURSE:

1. Come ti chiami?

2. Di che nazionalità sei?

3. Cosa fai?

4. Dove abiti?

5. Com'è la tua casa?

6. Quante stanze ci sono?

7. Cosa ti piace fare?

8. Che tipo di libri preferisci?

9. Cosa prendi quando vai al bar?

10. Cosa compri quando vai a fare la spesa?

11. Che misura di scarpe porti?

12. Qual è la tua taglia?

13. Quanti personaggi hai trovato in questo corso?

14. Quale preferisci?

15. Come e dove è iniziato questo corso?

16. Come e dove è finito?

17. Quali e quante città italiane sono menzionate in questo corso?

18. Ti è piaciuto?

19. Hai imparato un po' di italiano?

CHIAVE DEGLI ESERCIZI
KEY TO THE EXERCISES

LEZIONE 1

1.

il/un libro	la/una scatola
la/una chiave	il/un tavolo
il/un professore	lo/uno zio
la/una matita	la/una penna
il/un quaderno	lo/uno studio
la/una lezione	la/una sedia

2.

1. Sì, ho il libro di italiano/No, non ho il libro di italiano

2. Sì, ho la chiave/No, non ho la chiave

3. Sì, ho una scatola/No, non ho una scatola

4. Sì, ho il quaderno di italiano/No, non ho il quaderno

3.

1. Dov'è il libro? Sul tavolo

2. Non ho il libro. Va bene!

3. Come sta? Bene, grazie. E tu?

4. Mi dispiace! Non ho una penna. Ecco la penna!

5. Cominciamo!

LEZIONE 2

1. La signorina italiana, il professore australiano, il ragazzo belga, l'amica giapponese; la ragazza svizzera, un amico ungherese, la scuola americana, un'agenzia olandese; Greta è tedesca, Paul è americano, parliamo la lingua svedese, Manuel è spagnolo; è nato a Mosca, è russo.

2.

1. Io sono di Boston, e Lei, signorina Alberti, di dov'è? Sono di Milano.

2. Tu sei inglese, Paul? No, non sono inglese, sono americano.

3. Di dove sei Paul? Sono di Boston.

4. Lei, signorina Alberti, è di Milano? Sì, sono di Milano, sono italiana.

5. Mi chiamo Marco Valli e sono australiano.

6. Paul studia l'italiano con il professor Valli.

7. Lei, signorina, come si chiama? Mi chiamo Anna Alberti.

8. Io non lavoro in Italia, lavoro qui a Boston. E tu dove lavori?

9. La signorina Alberti lavora a Roma e fa l'agente di viaggio. E tu cosa fai?

10. Io sono nato in Australia, ma parlo bene l'italiano.

11. (Tu) parli bene l'inglese, ma non parli l'italiano.

12. Tu, di dove sei Greta? Sono nata in Germania e parlo il tedesco e l'italiano.

13. E la tua amica di dov'è? È tedesca anche lei.

14. Lei, professor Valli, cosa fa? Faccio il professore di italiano, insegno in una scuola.

15. Tu, Paul, che cosa fai? Faccio lo studente, studio l'italiano con il professor Valli.

16. Lei, signorina Alberti, viaggia molto? Sì, viaggio molto in Italia e all'estero.

17. Organizzo viaggi e congressi.

18. Il professor Valli presenta un suo studente alla signorina Alberti.

3.

1. Sono nato a Boston.

2. Sono qui in America per lavoro.

3. Lavoro in un'agenzia di viaggio.

4. Insegno a Milano in una scuola.

5. Sono italiana, sono di Milano.

6. Studio l'italiano con il professor Valli.

LEZIONE 3

1.

1. Le amiche di Anna sono a Roma.

2. Anna e i suoi amici lavorano in un'agenzia di viaggio.

3. Noi andiamo all'aereoporto in taxi.

4. Ci sono dei vestiti nella valigia/nelle valigie.

5. Le giacche sono nelle borse.

6. Noi non abbiamo i biglietti.

7. Tu e Paul siete in vacanza.

8. Anna e i suoi amici non vanno in metropolitana, vanno in taxi.

9. Noi ritorniamo tra una settimana.

10. Le valigie sono pronte.

11. Tu e Anna viaggiate molto.

12. Le amiche di Anna mandano delle cartoline da Roma.

13. Paul e i suoi amici studiano la lezione/le lezioni.

14. Noi facciamo le valigie.

15. Tu e Paul non tornate a casa presto. Tornate tardi.

16. Tu e Anna cosa fate domani?

2.

1. Anna va a Torino per una riunione.

2. No, non ha il passaporto, ha la carta d'identità.

3. Il biglietto d'aereo è nella borsa.

4. Nella valigia di Anna ci sono dei vestiti, delle scarpe, dei pantaloni, delle camicie e anche due giacche.

5. Anna va all'aereoporto in taxi/prende un taxi.

6. Parte domani mattina alle otto.

7. Ci mette quasi un'ora.

8. Ritorna tra una settimana.

9. Gli manda tante belle cartoline.

10. Mi mancherai, arrivederci a presto, Paul!

11. È nell'Italia centrale.

12. È nel nord d'Italia.

LEZIONE 4

1.

1. dalla
2. degli
3. nella
4. sul
5. delle
6. al - sulla
7. nei
8. dei
9. delle
10. dei
11. alla
12. degli
13. all'
14. in/nella
15. alla - alle
16. da/dalla - alla

2.

1. Quei bei fine settimana

2. Ci sono dei libri sui tavoli.

3. Ci sono dei biglietti d'aereo nelle valige.

4. Quei simpatici amici di Marco

5. Delle lezioni interessanti

6. Quegli studenti intelligenti

7. Delle belle giornate di vacanza

8. Ci sono delle belle commedie musicali a teatro.

9. Quelle lunghe lettere

10. Ci sono dei bei vestiti rossi sulle sedie.

11. Dei bei viaggi in aereo

12. Delle belle ragazze straniere

3.

1. Quella bella amica di Anna

2. Lo studente ha un libro interessante.

3. C'è una camicia bianca nella valigia di Anna.

4. Metto quel pacco sul tavolo.

5. Quella lezione non è molto interessante.

6. Un simpatico amico di Marco.

7. Scrivo una lunga lettera.

8. Ho una brutta settimana di lavoro.

9. Quella bella domenica al mare

10. Sono stanco per quel lungo lunedì di lavoro.

LEZIONE 5

1.

1. L'orario d'ufficio è dalle otto e mezza alle diciassette e trenta.

2. Ma l'impiegato arriva alle otto meno un quarto.

3. Lavora al computer dalle nove meno un quarto alle undici e quaranta/alle dodici meno venti.

4. Manda delle lettere via fax dalle dodici meno un quarto alle dodici e un quarto.

5. L'intervallo per il pranzo è dalle dodici e venticinque alle tredici e venti.

6. Di pomeriggio lavora ancora per quattro ore dalle tredici e venticinque alle diciassette e venticinque.

7. Esce dall'ufficio alle diciassette e trenta e arriva a casa alle diciotto e quindici.

2.

3. L'impiegato lavora per otto ore e cinquanta minuti (dalle otto meno un quarto alle diciassette e trenta, meno cinquantacinque minuti per il pranzo).

4. L'orario d'ufficio è dalle otto e mezza alle diciassette e trenta.

5. Va a pranzo dalle dodici e venticinque alle tredici e venti.

6. Esce dall'ufficio alle diciassette e trenta.

7. Arriva a casa alle diciotto e quindici.

3.

1. possiamo

2. deve

3. volete

4. preferiscono

5. escono

6. spedisco

7. puoi

8. dovete

9. non vogliamo

LEZIONE 6

Test di revisione

1.

masculine singular	feminine singular	masculine plural	feminine plural
il ragazzo	la camicia	i libri	le penne
il professore	la signorina	i biglietti	le scarpe
lo studente	la scuola	i parchi	le scatole
l'aereo	la carta d'identità	gli amici	le cartoline
il bagaglio	la domenica	i sabati	
il passaporto	la stazione	gli autobus	
il telefono	l'agenzia di viaggio		
il treno	la metropolitana		
il pacco	la settimana		
il convegno	l'ora		
l'autobus	la valigia		
	la moglie		

2.

Un'amica - delle amiche; un passaporto - dei passaporti; una città - delle città; uno zio - degli zii; un biglietto d'aereo - dei biglietti d'aereo; una domenica - delle domeniche; un insegnante - degli insegnanti/delle insegnanti; un'ora - delle ore; un sabato - dei sabati; una chiave - delle chiavi; un convegno - dei convegni; una giacca - delle giacche; una serata - delle serate; un lavoro - dei lavori; un'agenzia di viaggio - delle agenzie di viaggio; un collega - dei colleghi

3.

1. Io sono americano, sono di Boston
2. Anna è di Milano, è italiana
3. Paul non ha ____ ma ha ____
4. Noi studiamo ____ e lo parliamo ____
5. Cosa c'è ____ ? Ci sono ____
6. Anna lavora ____
7. Marco Valli insegna ____
8. Tu cosa fai? Io sono ____
9. Come ti chiami? Mi chiamo ____
10. Di dove sei? Sono di ____
11. Anna e i suoi amici prendono un taxi ____ Noi invece andiamo ____
12. Roma è ____
13. Le amiche di Anna mandano ____
14. L'aereo parte alle ____
15. Tu e Paul andate a ____
16. Noi facciamo le valigie e partiamo.
17. Ci sono ____
18. La moglie di Marco telefona ____ e la invita ____
19. Noi andiamo ____
20. Laura conosce ____
21. Quei ragazzi sono ____ , ma io non li conosco.
22. Che ore sono? Non lo so.
23. La lezione di italiano ____ comincia alle 9 e finisce alle 11.
24. Anna deve andare.
25. Carla e Marco Valli vogliono ____
26. Tu puoi ____
27. Domani mattina io devo ____
28. Laura vuole riposarsi ____
29. Noi possiamo ____ Tu vuoi ____ ?
30. Grazie, ma sono ____ , vengo con voi ____

4.

1 giapponese

2. italiana

3. francese

4. spagnola

5. italiani

6. inglesi

7. americana

8. bei

9. quei pacchi e quelle lettere

10. bella

11. quegli studenti

12. bel concerto

13. quella bella commedia

5.

1. di Milano, a Boston, in America

2. all'aereoporto, in taxi

3. a teatro e poi in pizzeria

4. delle belle cartoline da Roma

5. dei vestiti e delle scarpe nella valigia

6. in centro a mezzogiorno

7. alle nove alle undici

8. dalle nove alle undici

9. a teatro con noi? Grazie per l'invito (dell'invito)

10. dalla stazione di Roma alle dieci e arriviamo a Milano alle quattordici e trenta: da Roma a Milano

11. Ci sono dei libri e delle penne sul tavolo

12. dalle otto e mezza alle diciassette e trenta, con un'ora di intervallo per il pranzo _____

6.

Examples for the two notes:

1. Caro/Cara/Cari _____ , stiamo organizzando una serata a teatro/al cinema/al ristorante/in pizzeria con degli amici. Vieni/Venite con noi? Ci fa piacere stare con te/con voi. A presto

2. Caro/Cara/Cari _____ , grazie per l'invito a teatro/al cinema/al

ristorante/in pizzeria. Vengo volentieri e mi fa piacere passare la serata con te/con voi. A presto ____or:

Grazie per l'invito, ma non ce la faccio a venire con te/con voi a teatro/al cinema/al ristorante/in pizzeria. Ho avuto una brutta settimana e sono troppo stanco/stanca. Vengo con te/con voi la prossima volta. A presto ____ .

LEZIONE 7

1.

1. Questa è la sua casa / sua.
2. Questo è il suo biglietto / suo.
3. Questa è la loro figlia / loro.
4. È il suo amico.
5. Questo è il loro quaderno / loro.
6. È la sua macchina / sua.
7. Questi sono i vostri biglietti.
8. Questo è il nostro cognome.
9. Sono i suoi amici.
10. Sono le sue amiche.
11. Sono i suoi vestiti / suoi.
12. Sono i loro amici.
13. Sono le loro borse / loro.
14. Sono le sue valigie/ sue.
15. È sua moglie.
16. È suo marito.
17. È un suo amico.
18. È una sua amica.
19. Mangia la sua torta.
20. Beve il suo cappuccino.

3.

1. Noi abbiamo poco da studiare.
2. Tu mangi troppo a colazione.
3. Gli italiani mangiano poco a colazione.
4. Noi leggiamo troppo, ma voi leggete poco.
5. Ho molto lavoro da fare.
6. Anna ha solo pochi amici a Boston.
7. Abbiamo molti esercizi da fare.
8. Stasera ho bevuto molto vino.
9. Ci sono molte fette di pane sul tavolo.
10. Ho bevuto solo poche tazze di tè oggi.
11. Anna ha mandato molte cartoline a Paul.
12. Abbiamo comprato molti biglietti della metropolitana.
13. Prendo poco latte nel caffè.

1.

1 - 6.   5 - 3.

2 - 8.   6 - 2.

3 - 1.   7 - 5.

4 - 7.   8 - 4.

2.

1. Lo invito alla festa.

2. Ti invito a cena.

3. Vi invito a pranzo.

4. Ci invitano a fare un giro.

5. Li conosciamo molto bene.

6. La conosco da molto tempo.

7. La presento ai miei amici.

8. Ti conosco da molto tempo.

9. La invita a cena.

10. Sì, la incontro spesso.

11. Sì, lo conosco da molto.

12. Sì, li incontro alla festa.

13. Sì, ti chiamo al telefono.

14. Sì, mi invitano spesso.

15. Sì, la conosco.

16. Sì, li chiamo al telefono.

17. Sì, vi invito al cinema.

18. Sì, ci invitano.

19. Sì, le invitiamo.

20. Sì, li portiamo a cena.

3.

1. Sì, li conosciamo.

2. No, non li trovo.

3. Sì, li bevo.

4. No, non le mangiamo.

5. Sì, li preferisco.

6. Sì, la prendo.

7. Sì, li devo comprare tutti.

8. Lo servono dalle dodici e mezza alle quattordici.

9. Sì, lo preparo.

10. La servono dalle sette e mezza alle nove.

11. Sì, la faccio.

12. Sì, la preferisco.

13. No, non lo voglio, lo prendo amaro.

14. La danno alle sei.

15. Sì, le scrivo.

16. Sì, la so guidare.

17. Sì, lo parlo un po'.

18. Sì, le vedo spesso.

19. Sì, li prendiamo.

20. Sì, lo prendo e lo leggo

LEZIONE 9

1.

1. Vi diamo questa notizia.

2. Giulio le telefona.

3. Anna gli telefona.

4. Non gli diamo nessuna informazione (Non diamo loro nessuna informazione).

5. Gli telefoniamo ogni settimana (telefoniamo loro).

6. Vi scriviamo ogni mese.

7. Gli mandiamo un fax ogni due settimane (mandiamo loro).

8. Paul ci manda un fax.

9. Le porto questo libro.

10. Anna gli regala un orologio.

11. Il professore gli risponde (risponde loro).

12 . Le voglio dare un regalo.

13. Le chiedo l'informazione.

14. Paul gli manda un pacco.

15. Non le scrivo mai.

2.

1. Sì, ti diamo le informazioni.

2. Sì, gli telefono.

3. Sì, ci spediscono dei libri.

4. Sì, gli regalo un libro.

5. Sì, le mando un fax ogni settimana.

6. No, non vi scriviamo nessuna informazione.

7. Le regalo dei fiori.

8. Gli spedisco un pacco.

9. No, non le parlo mai di niente.

10. No, non gli racconto mai niente (non racconto loro mai niente).

11. Sì, mi telefona ogni due giorni.

12. Sì, gli mando un pacco ogni due mesi (mando loro).

13. Sì, gli scrivo ogni settimana.

14. Sì, gli telefoniamo (telefoniamo loro) ogni mese.

3.

1. Paul è venuto in Italia per una vacanza studio.

2. Paul ha diciannove anni, è un giovanotto ormai.

3. All'Ufficio postale compra dei francobolli.

4. Deve mandare il pacco in Australia.

5. Per via aerea il pacco ci mette almeno due settimane.

6. Il pacco pesa ottocento grammi.

7. Sul modulo deve scrivere il nome e l'indirizzo del mittente e del destinatario, il contenuto del pacco e il suo valore approssimativo.

8. Paul paga ventitremila e seicentocinquanta lire in tutto.

LEZIONE 10

1.

1. Gli mando un pacco - Glielo mando.

2. Gli telefoni la buona notizia - Gliela telefoni.

3. Gli voglio parlare di questo problema - Gliene voglio parlare - Voglio parlargliene.

4. Vi posso comprare dei libri - ve li posso comprare - posso comprarveli.

5. Gli scrive il programma - Glielo scrive (Scrive loro il programma - lo scrive loro).

6. Gli prenoto la stanza - Gliela prenoto.

7. Vi compro i biglietti - Ve li compro.

8. Ci mandate delle cartoline - Ce le mandate.

9. Gli compriamo delle riviste - Gliele compriamo (Compriamo loro delle riviste - le compriamo loro).

10. Vi devo prenotare la stanza - Ve la devo prenotare - Devo prenotarvela.

11. Gli devo restituire la chiave - Gliela devo restituire - Devo restituirgliela.

12. Ci telefonate la notizia - Ce la telefonate.

13. Le devo portare il modulo - Glielo devo portare - Devo portarglielo.

14. Gli paghiamo il conto - Glielo paghiamo.

15. Le posso regalare dei fiori - Glieli posso regalare - Posso regalarglieli.

16. Gli posso comprare dei libri - Glieli posso comprare - Posso comprarglieli (Posso comprare loro dei libri - li posso comprare loro).

17. Gli scrivono delle lettere - Gliele scrivono (Scrivono loro delle lettere - le scrivono loro).

18. Le potete chiedere l'ora - Gliela potete chiedere - Potete chiedergliela.

19. Vi spediamo dei pacchi - Ve li spediamo .

20. Le volete portare dei regali - Glieli volete portare - Volete portarglieli.

LEZIONE 11

1.

1. Lo sta preparando.

2. Li stiamo cercando.

3. Li stai mettendo.

4. Le sta scrivendo.

5. Lo sta leggendo.

6. La stiamo preparando.

7. Lo stanno bevendo.

8. Lo state mangiando.

9. Li stiamo mandando.

10. La sto studiando.

11. Gli sto telefonando.

12. Le sto scrivendo.

13. La stanno mettendo.

14. Ci state andando.

15. Ci sto andando.

16. La stai comprando.

17. Lo stai prendendo.

2.

1. No, la vedrò il prossimo fine settimana.

2. No, ci andremo domani.

3. No, sarò a casa il prossimo fine settimana.

4. No, lo spedirò domani.

5. No, ci ritornerò la prossima settimana.

6. No, la avrò la prossima settimana.

7. No, li incontreremo domani.

8. No, la avremo domani.

9. No, ci verrà il prossimo fine settimana.

10. No, saremo in vacanza domani.

11. No, le farò una visita domani - gliela farò domani.

12. No, ci andremo il prossimo fine settimana.

13. No, le inviteremo a pranzo la prossima settimana.

14. No, partirò per il mare la prossima settimana.

3.

1. Di quanto latte hai bisogno? Ho bisogno di un litro/di mezzo litro di latte.

2. Di quanto prosciutto hai bisogno? Ho bisogno di due etti di prosciutto (cotto).

3. Di quanta carne hai bisogno? Ho bisogno di un chilo di carne (magra).

4. Di quanto pane hai bisogno? Ho bisogno di un chilo/di mezzo chilo di pane/di panini.

5. Di quanto caffè hai bisogno? Ho bisogno di due etti/di mezzo chilo di caffè.

6. Di quanto vino hai bisogno? Ho bisogno di due litri di vino (bianco/rosso).

7. Di quante mele hai bisogno? Ho bisogno di un chilo/di due chili di mele .

8. Di quanti spaghetti hai bisogno? Ho bisogno di un chilo/di mezzo chilo di spaghetti.

9. Quanto latte ti serve? Me ne serve un litro.

10. Quanto prosciutto ti serve? Me ne servono due etti.

11. Quanta carne ti serve? Me ne serve un chilo.

12. Quanto pane ti serve? Me ne serve mezzo chilo.

13. Quanto caffè ti serve? Me ne servono due etti.

14. Quanto vino ti serve? Me ne servono due litri.

15. Quante mele ti servono? Me ne servono due chili.

16. Quanti spaghetti ti servono? Me ne serve un chilo.

LEZIONE 12

Test di revisione

1.

1. la loro casa

2. sua festa

3. la sua macchina

4. loro libri

5. i tuoi fiori

6. le vostre rose

7. il mio/il tuo

8. le nostre penne e quelle sono le vostre

2.

1. G. M. e C. sono i nipoti di R. e J. Valli, sono i loro nipoti.

2. Carla è la cognata di R. Valli.

3. M. è il figlio di C. e M. Valli, è il loro figlio.

4. Lisa è la nipote di C. e M. Valli, è la loro nipote.

5. G. M. e C. sono i cugini di M. N. A. e L.

6. N. A. e M. sono i fratelli di Lisa, sono i suoi fratelli.

7. J e R. Valli sono gli zii di G. M. e C., sono i loro zii.

8. Marcello è il nipote di J. e R. Valli, è il loro nipote.

9. R.Valli è il cognato di C. Valli.

10. Julia e Carla sono cognate.

11. Marco e Roberto sono fratelli.

12. C. e G. sono le cugine di Massimo, sono le sue cugine.

13. Marcello è il cugino di M. N. A. e L., è il loro cugino.

3.

1. Sì, lo voglio comprare/Voglio comprarlo.

2. Sì, le vedo.

3. Sì, li conosco.

4. Sì, la vogliamo conoscere/Vogliamo conoscerla.

5. Sì, lo saluto.

6. Sì, la guardo.

7. Sì, lo capisco.

8. Sì, li vogliamo ascoltare/Vogliamo ascoltarli.

9. Ne bevo tanti/Ne bevo pochi/Ne bevo solo due al giorno/Non ne bevo .

10. Ci vado una volta al mese/Non ci vado mai.

11. Ne voglio visitare tante/Ne voglio visitare alcune(a few)/Voglio visitarne tante/alcune/Non ne voglio visitare nessuna/Non voglio visitarne nessuna.

12. Ne devo fare tanti/alcuni/Devo farne tanti/alcuni/Non ne devo fare nessuno/Non devo farne nessuno.

13. Ne so parlare due/So parlarne due/Ne so parlare tante/So parlarne tante.

14. Sì, li devo leggere/Devo leggerli.

15. Sì, le compriamo.

16. Ne compriamo tanti/Ne compriamo pochi/Ne compriamo due.

17. Sì, le incontro.

18. Sì, ne devo scrivere molte/Devo scriverne molte.

4.

1. Stanno venendo a cena - Verranno a cena.

2. Stiamo leggendo - Leggeremo.

3. Sto comprando - Comprerò.

4. Sto mandando - Manderò.

5. Sto guardando - Guarderò.

6. Stiamo ritornando - Ritorneremo.

7. Sta preparando i panini - Preparerà i panini.

8. Sto finendo - Finirò.

9. Stiamo facendo - Faremo.

10. State portando - Porterete.

11. Stiamo venendo - Verremo.

12. State scrivendo - Scriverete.

5.

freddo; pieno; nuovo/giovane (of person); caro/costoso; nero; molto/tanto; bello; male

6

1. poco da mangiare

2. niente da dichiarare

3. troppo da fare

4. molto da leggere

5. molto da vedere

6. molto da comprare

7. niente da mettermi

8. molto da raccontarle

7.

1. Dal salumiere/In salumeria

2. Dal panettiere/Al panificio

3. Dal giornalaio/In edicola

4. Dal tabaccaio/In tabaccheria

Lista della spesa
Oggi devo comprare: 1 Kg patate, 1/2 Kg pomodori, 1 Kg zucchero, 2 etti caffè, 1 etto prosciutto, 2 etti e 1/2 formaggio, eccetera.

Colori:
Il cielo è azzurro quando è sereno e grigio quando è nuvoloso.
La neve è bianca.
I miei pantaloni sono ____ ; Il mio vestito è ____ , eccetera

1. (a)

1. Ci faccia questo lavoro!

2. Le mandi questa lettera!

3. Mi scriva questa informazione!

4. Risponda al mio fax!

5. Faccia tutto il necessario!

6. Mi dica la verità!

7. Ci porti della birra!.

8. Ci serva la colazione in camera alle nove!

9. Mi dia la sveglia alle otto!

10. Mi dia più tempo!

11. Ci indichi la strada!

12. Mi mostri la mappa!

13. Faccia una passeggiata ogni mattina!

14. Giri a sinistra!

15. Vada diritto per la galleria!

16. Vada fino alla piazza!

17. Imbocchi la prima traversa!

18. Attraversi al semaforo!

1. (b)

1. Ci legge questo documento?

2. Ci porta del vino e della birra?

3. Mi scrive queste lettere?

4. Gli manda un fax?

5. Le porta il pacco a casa?

6. Mi dà il resto?

7. Ci porta le valigie?

8. Mi fa un favore?

9. Mi dice cosa ne pensa?

10. Mi aspetta all'uscita?

2.

1. Lavori bene!
2. Vada diritto per la galleria!
3. Legga il giornale!
4. Scriva il fax!
5. Imbocchi la traversa giusta!
6. Attraversi al semaforo!
7. Dica il suo nome!
8. Ci dia abbastanza tempo per finire questo lavoro!
9. Faccia tutto il necessario!
10. Continui l'esercizio!
11. Ci dica tutta la verità!
12. Ci indichi la strada giusta!
13. Ci dia il resto!
14. Ci porti da bere!
15. Cammini a piedi!
16. Cerchi di ricordare!
17. Si fermi all'incrocio!

3.

Present tense -	Future	Polite imperative
indica	troverà	scusi
non riesce	saranno	senta
cerca	vedrà	dica
chiede indicazioni		vada
indica		entri
vediamo		percorra
penso		attraversi
attraverso		imbocchi
trovo		salga
faccio		
è		
vuole		
può		
preferisco		
deve		
vado		
giro		
arrivo		

1.

1. Il pane - Sì, l'ho comprato già stamattina.

2. La carne - Sì, l'ho comprata già stamattina.

3. I sottaceti - Sì, li ho comprati già stamattina.

4. I salami - Sì, li ho comprati già stamattina.

5. Una mozzarella - Sì, l'ho comprata già stamattina.

6. La verdura - Sì, l'ho comprata già stamattina.

7. Il latte - Sì, l'ho comprato già stamattina.

8. I formaggi - Sì, li ho comprati già stamattina.

9. L'acqua minerale - Sì, l'ho comprata già stamattina.

10. Le salsicce - Sì, le ho comprate già stamattina.

11. Le calze a sua moglie - Sì, gliele ho comprate (gliel'ho comprate).

12. Il giornale a suo padre - Sì, glielo ho comprato (gliel'ho comprato).

13 . Le riviste a sua figlia - Sì, gliele ho comprate (gliel'ho comprate).

14. La bicicletta a suo figlio - Sì, gliela ho comprata (gliel'ho comprata).

15. La torta a sua madre - Sì, gliela ho comprata (gliel'ho comprata).

16. I quaderni alle ragazze - Sì, glieli ho comprati (gliel'ho comprati).

17. Un giocattolo a suo figlio - Sì, glielo ho comprato (gliel'ho comprato).

18. Le giacche ai ragazzi - Sì, gliele ho comprate (gliel'ho comprate).

2.

1. da un anno
2. per due anni
3. da due mesi
4. da due anni
5. per otto anni
6. da domenica
7. da più di tre mesi
8. per tre anni
9. per dieci anni

10. da tre settimane
11. per un mese
12. per tre giorni
13. da lunedì

LEZIONE 15

1.

1. Anna li portava in giro.

2. Anna offriva.

3. dormivo bene.

4. facevamo molti bagni.

5. andava a sciare.

6. prendevanno l'autobus.

7. mangiavo molto.

8. giocavano a calcio.

9. ci divertivamo molto.

10. Giulio veniva sempre a Milano.

2.

a. Anna non è uscita perchè era stanca.

b. Paul non ha pagato il conto perchè non aveva soldi/era senza una lira.

c. Non siamo andati al cinema con gli amici perchè non avevamo voglia.

d. Abbiamo mangiato tutti i dolci perchè avevamo fame.

e. Non ho fatto l'esercizio perchè era difficile.

f. Non ho comprato quel bel vestito perchè era caro.

g. Carla è andata a letto presto perchè aveva sonno.

h. Abbiamo bevuto tutta l'aranciata perchè avevamo sete.

i. Anna è rimasta in ufficio perchè aveva da fare.

l. Marco non ha bevuto il caffè perchè stava male.

m. Correvo perchè avevo fretta.

3.

____ senza comprare niente

____ prima di partire per Milano

____ invece di mettere il cappotto

____ invece di bere un caffè

____ senza salutare

____ prima di uscire da casa

____ prima di andare in ufficio

LEZIONE 16

Test di revisione

1.

1. Prego, aspetti pure.

2. Prego, la attraversi pure (l'attraversi).

3. Prego, gli parli pure.

4. Prego, glielo compri pure.

5. Prego, lo prenda pure.

6. Prego, la prenda pure.

7. Prego, le spedisca pure.

8. Prego, la ascolti pure.

9. Prego, lo accenda pure.

10. Prego, fumi pure.

11. Prego ci vada pure.

12. Prego, lo porti pure.

13. Prego, la compri pure.

14. Prego, telefoni pure.

15. Prego, le guardi pure.

16. Prego, lo mandi pure.

17. Prego, li inviti pure.

18. Prego, li cambi pure.

19. Prego, la percorra pure.

20. Prego, entri pure.

21. Prego, ci venga pure.

22. Prego, lo prenoti pure.

23. Prego, gliele compri pure.

24. Prego, la percorra pure.

25. Prego, giri pure.

26. Prego, li finisca pure.

27. Prego, la ripeta pure.

28. Prego, lo racconti pure.

29. Prego, li riveda pure.

30. Prego, glielo porti pure.

31. Prego, li prenda pure.

32. Prego, ci vada pure.

33. Prego, li cerchi pure.

2.

1. _____ la sera mi addormentavo.

2. _____ facevo una passeggiata.

3. _____ ho mangiato, ho bevuto e ho fumato molto.

4. _____ non ho comprato i dischi (non li ho comprati) perchè non avevo più soldi, li avevo finiti tutti.

5. _____ non ho spedito i pacchi perchè non avevo i francobolli.

6. _____ non gli ho prestato il libro perchè non l'avevo più, l'avevo perduto.

7. _____ non ho pagato il conto perchè non avevo il portafoglio, non lo trovavo più.

8. _____ non sono venuta a cena con te perchè ero molto occupata.

9. _____ sono andato a Parigi e sono ritornato sabato.

10. _____ mi svegliavo tardi e perdevo l'autobus.

11. _____ ho comprato il giornale e l'ho letto dopo pranzo.

12. ____ andavo in Biblioteca e trovavo gli studenti che studiavano e facevano le loro ricerche.

13. ____ compravo le riviste di moda e le guardavo con lei nel pomeriggio.

14. ____ eravamo stanchi e avevamo sonno, abbiamo guardato la televisione e siamo andati a letto.

15. ____ ogni volta che andavi in B. una signorina molto gentile ti aiutava a trovare i libri.

16. ____ facevamo dei viaggi, portavamo solo una borsa.

17. ____ andavo spesso all'estero e preferivo viaggiare in aereo.

18. ____ tutte le volte che ti accompagnavo alla stazione facevamo sempre la stessa strada.

19. ____ ho detto agli studenti di preparare la relazione.

20. ____ ogni domenica mangiavo gli spaghetti e la carne arrosto.

21. ____ facevo le fotografie ai bambini e le mandavo.

22. ____ tutti i sabati i miei amici organizzavano.

23. ____ tutte le domeniche andavamo a vedere le partite di calcio.

24. ____ gli ho telefonato ma non l'ho trovato mai.

25. ____ mi incontrava ma non mi salutava mai.

26. ____ l'ho chiamato non mi ha risposto.

27. ____ ho visto gli studenti e li ho salutati da parte tua.

28. ____ incontravo gli studenti e mi fermavo a parlare con loro.

29. ____ facevo dei lunghi viaggi e controllavo sempre il motore prima di partire.

3.

1. Giulio glieli ha mandati.

2. Paul me l'ha mandata.

3. I miei amici ce l'hanno consigliato.

4. Il bigliettaio ce li ha venduti.

5. Il cassiere della Banca me le ha cambiate.

6. I loro amici li hanno invitati.

7. La sua segretaria me l'ha dato.

8. L'impiegato ce le ha date.

9. Il nostro cliente Mr B. ce l'ha mandato.

10. Il vigile ce l'ha indicata.

11. Noi gliela abbiamo offerta.

12. Giulio me l'ha portato.

13. Anna gliel'ha offerta.

14. Anna li ha invitati.

15. Anna gliel'ha mostrato.

16. Il portabagagli gliel' ha ritrovata.

17. Giulio ce l'ha accompagnata.

18. Io ce li ho portati.

4.

ha lasciato ____ ed è ripartito ____ . è andato ____ e ha cambiato ____ . Ha parlato ____ che ha accettato ____ . ha cercato ____ e l'ha arredata ____ . ____ ha aperto ____ e si è messo in società ____ .

5.

1. Anna e Giulio non sono potuti entrare in casa perchè non avevano le chiavi.

2. Quei miei amici inglesi sono partiti ieri ma mi hanno promesso che mi scriveranno.

3. Ieri le banche erano chiuse.

4. (Noi) Abbiamo visto delle belle giacche bianche e vogliamo comprarle.

5. (Noi) Andiamo all'Ufficio postale a spedire dei pacchi e a mandare delle lettere.

6. Ti piacciono questi panini con formaggio e prosciutto?

7. Gli studenti non capiscono le spiegazioni di questi problemi.

8. Non ci sono piaciuti gli spettacoli che abbiamo visto con Paul.

9. Non ci ricordiamo come si chiamano le città tedesche che abbiamo visitato.

10. (Voi) Non avete fatto gli esercizi più difficili e non avete studiato le lezioni nuove.

11. Gli agenti immobiliari hanno comprato dei begli appartamenti e li hanno arredati con cura.

12. (Noi) Preferiamo passare i fine settimana al mare.

LEZIONE 17

1.

1. si parla.

2. si beve.

3. si cena.

4. non si lavora.

5. si va a letto.

6. Quando si è ricchi si può comprare quello che si vuole.

7. Si sta a chiacchierare all'aperto.

8. Si va al bar e si prende una birra o un gelato.

2.

1. La carne si compra dal macellaio/in macelleria.

2. I formaggi si comprano in salumeria.

3. Il pane si compra al panificio.

4. I giornali si comprano dal giornalaio/in edicola.

5. I francobolli si comprano dal tabaccaio/in tabaccheria.

6. L'aspirina si compra in farmacia.

3.

1. che bella	8. della macchina
2. di Roma	9. di Arturo
3. di suo fratello	10. di quello
4. che grande	11. dei tuoi
5. di quello che facevo prima	12. di quelli francesi
6. che persone	13. che scrivere
7. che viaggiare in treno	14. che comica

1.

1. È meglio che facciano le valigie.

2. Non basta che sia ricco.

3. È necessario che guidino con prudenza.

4. Bisogna che arrivino puntualmente alle sei.

5. È bene che facciano tutti gli esercizi.

6. È male che escano presto.

7. Non basta che compri tutto nei migliori negozi.

8. È meglio che andiamo in vacanza a settembre.

9. È bene che facciate tutto quel lavoro da soli.

10. È male che restiate tutto il tempo al sole.

2.

1. ritorni	8. non lo conosca
2. sappia	9. arrivi
3. succeda	10. faccia
4. escano	11. studino bene
5. sia	12. non venga
6. parta	13. legga
7. faccia	

3.

1. qualche modello di scarpe.

2. Ci vuole qualche ora di viaggio.

3. Giulio ha comprato qualche bottiglia di vino.

4. qualche libro?

5. ascoltano qualche disco di musica classica.

6. si pubblica qualche giornale.

LEZIONE 19

1.

1. potrebbe prestarci.
2. non leggerebbero.
3. preparerebbe.
4. andrebbero molto volentieri.
5. vorrebbe.
6. gli direi.
7. non daremmo.
8. ci aiutereste.
9. dovremmo aspettare.
10. fareste.

2.

1. Potremmo avere.
2. Vorrebbe indicarmi.
3. Mi presenteresti.
4. Mi faresti un favore.
5. Verrebbe con me a cena? (formal)
6 . Potreste fare.
7. Potrebbe dirmi.
8. Verresti più presto?
9. Verreste ad aiutarmi?
10. Le dispiacerebbe.
11. Non vorreste affittare.
12. Potremmo usare.
13. Potresti dirmi.
14. Potremmo prenotare.
15. Vorrebbe ritornare.

LEZIONE 20

Test di revisione finale

1.

1. Te la porterei volentieri, ma non posso.
2. Te li comprerei volentieri, ma non posso.
3. Te lo offrirei volentieri, ma non posso.

4. Te li combierei volentieri, ma non posso.

5. Te la farei volentieri, ma non posso.

6. Te la darei volentieri, ma non posso (ma non fumo).

2.

1. Se me la chiederà, gli presterò la macchina (se me la chiederà gliela presterò/se me la chiede gliela presto).

2. Lo aiuterò se sarà possibile/se è possibile lo aiuto.

3. Li incontreremo se andremo alla festa/se andiamo alla festa li incontriamo.

4. Se telefonerai, potrai prenotare la stanza/se telefoni, puoi prenotare la stanza.

5. Se manderai un fax, li informerai in tempo/se mandi un fax, li informi.

6. Se avremo più tempo verremo a Boston/se abbiamo più tempo, veniamo.

3.

1. Il giorno prima del matrimonio Giulio è stato molto occupato

2. Prima di pranzo ha ordinato la torta nuziale, ha ritirato il vestito dal negozio e ha mandato le lettere di partecipazione di nozze

3. All' ora di pranzo ha portato Paul al ristorante

4. Dopo pranzo ha comprato lo spumante per la festa e è andato a prendere i Valli all'aereoporto

5. Prima di cena ha ordinato i fiori per Anna

6. La sera poi è andato a cena a casa di Anna

4.

1. (a)	6. (a)
2. (c)	7. (c)
3. (c)	8. (b)
4. (a)	9. (b)
5. (c)	10. (a)

11. (a)	15. (b)
12. (b)	16. (a)
13. (c)	17. (a)
14. (c)	18. (c)

5.

13. Ci sono cinque personaggi principali in questo corso.
    Paul, uno studente americano.

    Marco Valli, australiano, professore di italiano in una scuola di Milano. E sua moglie Carla.

    Anna Alberti, italiana di Roma, agente turistico. E il suo amico Giulio, italiano di Roma.

15. Il corso è iniziato a Roma con l'incontro e la presentazione del professor Valli, di Anna e di Paul.

16. È finito a Roma, alcuni anni dopo/qualche anno dopo/circa sei anni dopo, con il matrimonio di Anna e Giulio.
    Paul, dopo un corso all'Università Bocconi di Milano, è tornato a Boston e ha aperto uno studio commerciale.

    Carla e Marco Valli vanno spesso in vacanza a Roma e vanno a trovare Anna e Giulio.

    Anche Anna e Giulio vanno spesso a Milano per lavoro e sono ospiti di Carla e Marco Valli.

17. Ne sono menzionate quattro: Roma, Milano, Firenze e Torino.

GLOSSARY

The gender of nouns is denoted by (*m*) masculine or (*f*) feminine. Unless otherwise indicated, words ending in -o are masculine and words ending in -a are feminine.

a: to, in
a buon prezzo: cheap
a che ora?: what time?
a destra: right, on the right
a partire da: starting from..
a proposito (di): by the way, talking of
a richiesta: on request
a sinistra: left, on the left
abbastanza: quite, enough
abbigliamento femminile: women's fashions
abbigliamento per uomo: men's wear, men's clothing
abbinare: to combine, to link, to match
abitare: to live
abitare a Roma: to live in Rome
accanto a: next to
accluso: attached
accorgersi: to realize, to notice
acqua minerale: mineral water
adesso: now
affari: business
affittare: to rent
agenda: diary
agente turistico: tour operator
agenzia di viaggio: travel agency
agitato: worried
agosto: August
aiutare: to help
albergo: hotel
alcun: some, a few
all'angolo: on the corner
all'aperto: outside
allegro: bright (color); lively (music); merry, cheerful (person)
alloggio: accommodation
allora: then, at that moment
alta stagione: high season
amaro: bitter, unsweetened
ampio: wide

anche: also, too
ancora: still, again
andare: to go
andare a letto: to go to bed
andare a piedi: to walk, to go on foot
andare a sciare: to go skiing
andare dritto: to go straight ahead
andare in aereo: to go by plane
andare in autobus: to go by bus
andare in ferie: to go on vacation
andare in macchina: to go by car
andare in metropolitana: to go by underground
andare in montagna: to go to the mountains
andare in taxi: to go by taxi
andare in treno: to go by train
angolo: corner
anno: year
antipasto: appetizer/starter
anzi: on the contrary
aperto: open
appartamento: apartment
appena: as soon as
approssimativo: approximate
appuntamento: appointment, date
aprile: April
aragosta: lobster
aranciata: orange juice
arancione (*pl.* arancioni): orange
architetto d'interni: interior decorator
aria condizionata: air conditioning
arrabbiarsi: to get angry
arredamento: furnishing
arrivare: to arrive
arrivederci a presto: goodbye/so long, see you soon
articoli da regalo: gifts
articolo/capo di abbigliamento: article of clothing
ascensore: elevator
ascoltare la musica: to listen to music
aspettare: to wait
aspettare il treno/l'autobus: to wait for the train/the bus
atrio dell'albergo: hotel foyer
attendere: to wait
attenda un moment (formal): wait a second
attenda (on the phone): hold the line

attraversare: to cross
attraverso: through, over
augurare: to wish
augurio: greeting
autostrada: highway
autunno: fall, autumn
avere bisogno di: to need, to want, to be in need of
aver fame: to be hungry
avere paura: to be afraid
avere ragione: to be right
avere sete: to be thirsty
avere torto: to be wrong
avere sonno: to feel sleepy
avere una fame da lupo: to be famished
azzurro: blue, light blue

bagaglio (a mano): (hand) luggage
bagno: bathroom
bambino: child
banco delle occasioni: bargain counter
banco di vendita: sales counter
bandiera: flag
bassa stagione: out of season, low season
beige: beige
bel, bello: fine, nice
belga: Belgian
bello: nice, beautiful
bene: well
bere: to drink
bevanda alcolica: alcoholic drink
bevanda non alcolica: soft drink
biancheria: linen goods
biancheria intima: underwear
bianco: white
biblioteca: library
bicchiere: glass
bicicletta: bicycle
biglietteria: ticket office
biglietto di auguri: greetings card
binario: platform
biscotti: cookies
bisogno: need, necessity
blu (invariable): blue
borsa: bag

bottiglia: bottle
breve: short
brindare: to make a toast
brindare alla vostra salute: to drink to your health
bruno: brown
brutto: ugly, terrible
buon gusto: good taste
buon viaggio!: have a good trip!
buona fortuna!: good luck!
buon giorno: good morning/ hello
burro: butter

c'è vento: it is windy
caffè macchiato: coffee with a few drops of milk
caffè ristretto: extra strong, black coffee
calze: stockings, socks
calze da donna: stockings
calze da uomo: socks
camera: room
camera da letto: bedroom
camera matrimoniale/doppia: double room
camera singola: single room
cameriere: waiter
camicia bianca: white shirt
camicia da donna: blouse
camicetta: blouse
caminetto: fireplace
camminare: to walk
campanello: bell
cancellare: to cancel, to erase
capelli: hair
capire: to understand
capo: head
il capo: the head, the boss, the leader
caporeparto: department manager
cappotto: coat
carne: meat
carne fredda: cold meat
caro: expensive, dear
carrello: trolley
carta da parati: wallpaper
casa: house
cassiere (*m*) **/cassiera** (*f*)**:** cashier
cattivo gusto: bad taste

cena: supper
cenare/fare cena: to have supper
cercare: to look for
certamente, certo: certainly
cestino: basket
che cosa fa/fai? (formal/informal): what do you do?
che ora è/che ore sono?: what time is it?
che taglia porta?: what size do you take?
chiacchierare: to chat
chiacchierata: a chat (noun)
chiaro, più chiaro: light, lighter
chiave (*f*) (*pl*: chiavi): key
chiedere/domandare: to ask
chilo: kilo
chilometro: kilometer
chiuso: closed
ciao: hello/good bye
cielo: sky
cinghia: strap
circa: about
circonvallazione: ringroad
città (*pl*.città): city, town
cliente: client, customer
cognata: sister-in-law
cognato: brother-in-law
cognome: last name
colazione: breakfast
colazione al sacco: picnic lunch
collega: colleague
collo: neck
colori: colors
come: how
come si chiama? (formal): what is your name?
come sta? (formal): how are you? how are you doing?
come ti chiami? (informal): what is your name?
come mai?: how come?
comico: funny
cominciare: to start
commedia musicale: musical
commesso: shop assistant
comodità: convenience, comfort
comodo: comfortable, convenient
compagno: companion, partner, buddy
compagno di scuola: schoolfriend

compagno di viaggio: traveling companion
compilare: to fill out
compilare un modulo: to fill out a form
completamente, perfettamente: absolutely
complicato: complicated
comprare: to buy
con: with
concerto: concert
confessare: to confess
confezione regalo: gift pack
confortevole: comfortable
conforto: comfort, support
confrontare: to compare
congresso: conference
conoscere: to know (place, person)
contento: glad, happy
contenuto: contents
conto: check
controllare: to check
convegno: meeting
conveniente: cheap, suitable, profitable
coppia: couple
cornetto: croissant
correre: to run
cosa c'è?: what is there?
cosa?: what?
così: so
costare: to cost
cravatta: tie
cucina: kitchen
cugina (*f*): cousin
cugino (*m*): cousin
cuocere: to cook
curioso: nosy, odd

da: for, since
da molto/da molto tempo: for a long time
da qui: from here
dalle 8,30 alle 17,30: from 8.30 a.m to 5.30 p.m
davanti a: in front of
debole: weak
decidere: to decide
decisione: decision
deciso: determined, firm

delicato: delicate
dentro: inside
deposito: warehouse
Desidera?: What would you like?
desiderare: to want, to wish
Desidero/Desidererei: I would like
destinatario: addressee
di: of
Di dov'è?(formal): Where are you from?
Di dove sei?(informal): Where are you from?
di fronte a: opposite
di lana: woolen
di proposito: on purpose, deliberately
di solito: usually
Dica?/Mi dica?: Can I help you?
dicembre: December
dieta: diet
dietro: behind
difficile: difficult
dimenticare: to forget
dimenticarsi di: to forget about
dipingere: to paint
direttamente: directly, straight
direttore: manager
disco (*pl.* **dischi**): record
disfare le valigie: to unpack
disponibile: available
distribuire qualcosa a tutti: to distribute/to hand out something to
   everybody
distrutto: worn out, destroyed
diversi/diverse: several
diverso: different
divertente: amusing
divertimento: entertainment
divertirsi: to enjoy oneself
documento: identity document
dogana: customs
dolci: sweet things, dessert
domanda: question, request; application (for a job, an enrolment
   form)
domani: tomorrow
domenica: Sunday
dormire: to sleep
dove: where

Dov'è?: Where is it?
dovere: to have to/ must

e: and
è: is
eccezionale: exceptional
ecco!: here it is!
economico: economical, cheap
edicola: newspaper seller
effetti personali: personal belongings
efficiente: efficient, active
escluso: excluding, exclusive of
esposizione: display
espresso: strong black coffee
espresso: express letter
essere: to be
essere a dieta: to be on a diet
essere amante di: to be fond of
essere di moda: to be in fashion
essere fuori moda: to be old-fashioned
essere giù di forma: to be in poor shape
essere in forma: to be in good shape, to be fit
essere in ritardo: to be late
essere molto richiesto: to be popular, to be in great demand
essere puntuale: to be on time
essere in anticipo: to be/to arrive early
estate: summer
etto: one hundred grams (approx.)
evento: event

fa bel tempo/brutto tempo: it is fine /horrible weather
fa caldo/freddo: it is hot/cold
facile/difficile: easy/difficult
faccia come Le pare (formal): do as you please
fai come ti pare (informal): suit yourself
fare: to make, do
fare affidamento: to rely on
fare bene: to be good for one, to do well
fare la cena: to get supper ready
fare colazione: to have breakfast
fare domanda: to apply
fare gli auguri: give one's best wishes
fare in modo: to manage
fare la fila: to line up

fare il pranzo: to get dinner ready
fare la siesta: to have a nap
fare la spesa: to do the shopping (for food)
fare le spese: to do the (general) shopping
fare le valigie/i bagagli: to pack
fare male: to be bad for one, to do badly
fare presto: to be quick
fare quattro passi/due passi: to go for a stroll
fare un brindisi a: to drink a toast to
fare un giretto: to go for a little tour
fare uno scherzo: to play a joke
febbraio: February
felicità: happiness
fermarsi: to stay, to stop
festa: party
festeggiare: to celebrate
fetta: slice
fidarsi di: to trust
fiera campionaria: trade fair
figlia: daughter
figlio: son
fila: line
finanza: finance
fine settimana *(m)*: weekend
finire: to finish
fino a: as far as
fiore: flower
forma: shape
formaggio: cheese
forte: strong
fotografia: photograph
fragola: strawberry
francese: French
francobollo: stamp
fratello: brother
freddo: cold
frenetico: frantic
frequentare: to attend
frigorifero: refrigerator
frutta: fruit
fumare: to smoke
funzionare: to work (of a machine, of an engine)

generalmente: generally, usually
genero: son-in-law

genitori: parents
gennaio: January
gentile: kind, polite
ghiaccio: ice
già: already, by now
giacca: jacket
giallo: yellow
giocare: to play
giocattolo: toy
giornale: newspaper
giorno/giornata: day
giovanotto: young man
giovedì (*m*): Thursday
girare: to turn
giugno: June
giusto: right, fair
goccia: drop
grammatica: grammar
grammo: gram
grasso: fat
grato: grateful
grazie: thank you/ thanks
grigio(*f*. **grigia,** *pl*. **grigi/e**): gray
gruppo: group
guardare: to look at
guardare in giro: to look around
guidare: to drive
gusto: taste

ieri: yesterday
ieri sera: last night
illeggibile: illegible, unreadable
imboccare/prendere: to take
impegnato: busy, engaged (on the phone: the line is busy/engaged: **la linea è occupata**)
impegno: engagement, appointment, commitment
impermeabile: raincoat
impiegato: clerk, employee
improvvisamente/all'improvviso: suddenly
imprudente: careless, foolish, rash
imprudenza: foolishness
in campagna: to/in the country
in montagna: to/in the mountains
in punto: sharp

in qualunque momento: at any time
in qualunque posto, in qualsiasi posto: anywhere
in tutto: altogether
incluso: including, inclusive of
incontrarsi: to meet
incrocio: crossroads, junction
indicare: to give directions, to show the way
indicazioni: directions
indicazioni stradali: street signs
indirizzo: address
indossare: to put on, to wear
industria dell'abbigliamento: clothing industry
infatti: as a matter of fact, in fact, actually
informazione: information
ingresso: entrance
inoltre: besides
insegnante (*m*): teacher
insegnare: to teach
insieme: together
intelligente: smart, clever, bright
interessante: interesting
intervallo per il pranzo: lunch break
intonarsi (di colore): to match
inverno: winter
investimento: investment
investire: to invest
invidioso: envious
invitare: to invite
invito: invitation
io: I

laggiù: over there
lago: lake
lampada: lamp
lana: wool
lassù: over there
latte: milk
lavorare: to work
Le serve niente? (formal): Is there anything you need?/Can I do
  anything for you?
leggere: to read
leggibile: legible, readable
lento: slow
lettera: letter

letto: bed
lezione: lesson
lì/là: there
libero: free
libro: book
lieto: delighted
limone: lemon
lista della spesa: shopping list
litro: liter
località balneare : seaside resort
località di villeggiatura: holiday resort/ vacation resort
località montana : mountain resort
lontano: far, far away
luglio: July
luna di miele: honeymoon
lunedì (*m*): Monday
lungo: long

ma: but
macchina: car
macchina fotografica: camera
macelleria: butcher's
madre: mother
maggio: May
maglieria: knitwear
magro: lean
mai: never, not ever
malgrado: in spite of
mamma: mommy
mancare: to miss
mandare: to send
mandare una lettera/una cartolina: to send a letter/a postcard
mangiare: to eat
manico: handle
mappa: map
marito: husband
marrone: brown (invariable)
martedì (*m*): Tuesday
marzo: March
matita: pencil
matrimonio: wedding
mattina/mattinata: morning
mela: apple
Meno male!: That is good!

meraviglioso, stupendo: wonderful
mercoledì (*m*): Wednesday
mese: month
metro (*pl.* **metri**): meter
metterci: to take
mettere a letto: to put to bed
mettere qualcosa a disposizione di qualcuno: to place something at
　someone's disposal
mettersi a tavola: to sit down at the table
mettersi: to put on, to wear
mezz'ora/mezzora: half an hour
mezza pensione: half board
mezzanotte: midnight
mezzo chilo: a half-kilo
mezzogiorno: midday
Mi dispiace: I am sorry
misura: measure, size
misura di scarpa: shoe size
mittente: sender
mobili: furniture
modello: model, style
moderare la velocità: to slow down
modulo: form
moglie (*pl.* **mogli**): wife
molto: a lot of, very, much/ many
molto bene: very well
mondo: world
moneta (*pl.* **monete**): coin
morbido: soft
mostra: exhibition
mostrare: to show

nazionalità nationality
nebbia: fog
negozio di alimentari: grocer's store
negozio di frutta e verdura: greengrocer's store
negozio: store
nero: black
nessun, nessuno, nessuna: no one, nobody
neve: snow
nevicare: to snow
Nient'altro?: Is that all? Anything else?
niente: nothing
no: no

noioso: boring
nome: name
non ancora: not yet
non avere gusto: to have no taste
non c'è bisogno: there is no need
non grasso: not too fat
Non me ne dimenticherò: I won't forget
Non si preoccupi/Stia tranquillo (formal): Don't worry
non ancora: not yet
nonna: grandma
nonno: grandpa
notizia: news
novella: short story
novembre: November
nozze (*f.pl.*): wedding
numero: number
numero di fax: fax number
nuora: daughter-in-law
nuovo: new

occhio (*pl.* **occhi**): eye
offerta: offer
offrire: to offer
oggi: today
ombrello: umbrella
opportunità: opportunity
oppure: or
ora: hour; now
orario d'ufficio: office hours
ordinare: to order, to command
ordinazione: order
ordine del giorno: agenda
ordine: order
organizzare: to organize
orologio: watch
orologio sveglia: alarm clock
ospitare: to put up, to accommodate
ospite: guest/host
ottobre: October

pacco: parcel
padre: father
pagare: to pay
paio (*pl.* **paia**): pair

paio di pantaloni: pair of pants
paio di scarpe: pair of shoes
panificio: bakery
panna: cream
pantaloni: pants
papà: daddy
parco: park
parente (*pl.* **parenti**): relative
parlare: to speak
parlare il tedesco: to speak German
partecipare: to take part
partire: to leave
passare: to spend
passeggiare: to walk
pasta (*pl.* **paste**): small cake
pasta/pastasciutta (no *pl.*): pasta
pasto: meal
patente: driving licence
pazzo: mad, crazy
penna: pen
pensare: to think
pensionante: lodger
pensione: boarding house/guest house
per: for
per caso: by any chance
per piacere, per favore: please
perchè: why, because
percorrere: to walk/to go through
percorso: route, course
perdere: to lose, to waste, to miss
perdere il treno: to miss the train
perdersi: to get lost
perdita: loss
pesare: to weigh
pesce: fish
pezzo: piece
Piacere/ Molto piacere: How do you do?/ Nice to meet you
piacere (impersonal): to like
piacevole: delightful
piano: floor
pianoterra: first floor
piazza: square
piccolo: small
pieno: full

pigro: lazy
pioggia: rain
piovere: to rain
più di: more than
più tardi: later on
piuttosto presto/tardi: rather early/late
pizzeria: pizza house
poco: little/ few, not much/not many
poi: then
pollo: chicken
pomeriggio: afternoon
portabagagli: porter
portare: to take, to bring, to carry
portare in giro: to take/to show around
portiere: hall porter, receptionist
possibilmente/eventualmente: possibly, perhaps, if necessary
Posso offrirLe da bere? (formal): Will you join me for a drink?
Posso avere la sveglia a?: Would you wake me up at?
potere: to be able to
povero: poor
pranzare/fare pranzo: to have lunch/dinner
pranzo: lunch
precisamente/proprio così: quite so
preferire: to prefer
preferito: favorite
prendere: to have, to get, to fetch, to pick up, to take
prendere l'autobus: to take the bus
prendere il treno: to catch the train
prendere l'aereo: to take the plane
prendere la metropolitana: to take the subway
prendere un taxi: to take a taxi
prenotare: to book, to reserve
prenotazione: reservation
preoccuparsi: to worry
preparare: to prepare, to get ready
preparare la colazione, il pranzo, la cena: to get breakfast, lunch,
   dinner, supper ready
presentare: to introduce
presentazione: introduction
prestare: to borrow / to lend
prestito: loan
presto: early, soon
primavera: spring
primo: first

principale: main
professore (*m*): teacher (university lecturer)
programma: program, plan
promettere: to promise
Pronto?: Hello? (on the phone only)
prosciutto cotto: cooked ham
prossima volta: next time
provare: to try, to experience
provare un sentimento: to feel
provarsi: to try on
prudente: careful
pullover: sweater
purtroppo, sfortunatamente: unfortunately

quaderno: notebook
quadro: picture
qualche: a few (always followed by a singular noun)
qualche cosa: something
qualche volta: sometimes
Quale?(*m*. and *f*. *sing*.)/ Quali? (*m*. and *f*. *pl*.): What? Which?
qualunque, qualsiasi: any
quando: when
Quanto/quanto tempo?: How long?
quarto d'ora: quarter of an hour
quasi: nearly, almost
quel/quello: that
questo: this
qui vicino: nearby
qui/qua: here

raccomandata: recorded delivery
racconto: short story
radunare, riunirsi: to get together, to gather
ragazza: girl
ragazzo: boy
raggiungere: to reach, to get to
regalare: to give a present
regalo: present
regalo di nozze: wedding present
reparto: department, unit
reparto regali: gift counter
reparto uomo: menswear department
restare: to remain, to stay
restituire: to give back

resto: change (money)
ricco: rich
richiedere: to ask again, to ask for
richiesta: request, application, demand
ricordare: to remember/to remind
ricordarsi di: to remember
riga: line
rilassante: relaxing
rilassarsi: to relax
rilassato: relaxed
rimanere/restare: to stay/ to remain
riposarsi: to have a rest
riscaldamento: heating
riso: rice
rispondere: to answer
risposta: answer
ristorante: restaurant
ritirare: to collect, to pick up, to take back
ritornare: to come back
ritornare a casa: to come/to go back home
riunione di lavoro: business meeting
riuscire: to be able, to manage, to succeed
rivista: magazine
rivista di moda: fashion magazine
romanzo: novel
rondò: roundabout
rosa (invariable): pink
rosa: rose (flower)
rosso: red

sabato (*m*): Saturday
sala da pranzo: dining room
salire: to get on, to go up
salsicce: sausages
salumeria: delicatessen
salutare: to greet, to say goodbye
Salute!: Cheers!
Santo cielo!: my goodness!
sapere: to know (a fact or how to do something)
sbagliarsi: to make a mistake
sbagliato: wrong
scaffale (*m*): shelf
scala mobile: escalator
scale: staircase

scatola: box
scegliere: to choose
scelta: choice
scendere: to get off
scherzare: to joke
sciare: to ski
sciarpa: scarf
sciocchezza: nonsense, rubbish
scioperare: to strike
sciopero: strike
scomodo: uncomfortable
scrivania: desk
scrivere: to write
scuola: school
scuro, più scuro: dark, darker
sedere: to be sitting, to be seated
sedersi: to sit down
sedia: a chair
segretaria: secretary
seguire: to follow
semaforo: traffic lights
sembra arrabbiato: he sounds angry
sembrare: to seem, to appear
sempre: always
sentire: to hear, to feel
senz'altro: without fail
sera/serata: evening
servire la colazione/il pranzo/la cena: to serve breakfast/ dinner/
    supper
servire: to need, to serve
servirsi: to help oneself
settembre: September
settimana di vacanza: a week's vacation
settimana prossima: next week
settimana scorsa: last week
sfilata di moda: fashion show
sformarsi: to lose shape
sgarbato: rude, impolite
sì: yes
sicuramente/ di sicuro: certainly/ for sure
siesta: afternoon nap
simpatico: nice, pleasant
sistemarsi: to settle down
smarrire: to lose

smettere: to stop
società: company, society
sofisticato: sophisticated
soggiorno: living room, lounge; a stay
soldi: money
sole: sun
solo, soltanto (*adv*): only
somigliare: to look like
sorella: sister
sostanzioso: substantial
sottaceti: relish
sperare: to hope
spesso: often
spettacolo: show, performance
spiccioli: small coins
spingere: to push
splendida idea!: wonderful idea!
sport invernali: winter sports
sportello: counter
sposa: bride
sposarsi: to get married
sposo: bridegroom
sprecare: to waste
Stai scherzando! (informal): You must be joking/kidding!
stamani/stamattina: this morning
stanco: tired
stanza: room
stanza degli ospiti: guest/spare room
stare: to stay, to reside, to be
stasera: this evening
Stia tranquillo, che ce la fa! (formal): Don't worry, it will be all right!
Sto bene: I am fine
Sto male: I am not well
studente (*m*): student
studiare l'inglese: to study English
studiare: to study
(uno) studio: a study, a study room
stupendo: wonderful
su: up, on
succedere: to happen, to occur
suggerire di fare: to suggest doing
suggerire/ proporre: to suggest
sul tardi: later in the day/in the evening
suocera: mother-in-law

suocero: father-in-law
suona meglio: it sounds better
suonare: to play, to ring
sveglia telefonica: alarm call
svendita: bargain sale
svizzero: Swiss

tabaccaio: tobacconist's
taglia di vestito: dress size
tale e quale: just like
tante grazie: many thanks
tanti auguri!: best wishes!
tanto: so, so much, so many, a lot of
tardi: late
tavola: table/desk
tavola da pranzo: dinner table
tavolo da lavoro: work table
tavolino: coffee table
tazza: cup
tazza da tè: teacup
tè: tea
teatro: theater
tedesco: German
telefonare: to telephone
televisore: television set
temere: to be afraid
tempo: time, weather
tempo libero: free time
tende (tenda, *sing.*): drapes
tenere: to keep
termosifone: radiator
tessuto: material, fabric
Ti serve niente?(informal): Is there anything you need?/Can I do
   anything for you?
tintoria: dry cleaner's
tipo di dolce: kind of cake
tirare su: to cheer up, to pull up
tirare: to pull
Torna presto! (imperative): Come back soon!
tornare/ritornare: to come/to go back
torno presto: I am coming back soon
torno subito: I will be right back
torta: cake
tra: in, within

tra una settimana: in a week
tranquillo: calm, peaceful
trascorrere: to spend
trasferirsi: to move
trattamento mezza pensione: half-board
trattamento pensione/pensione completa: full-board
traversa: turning
troppo: too, too much/too many
trovare: to find
trovarsi: to be
tu: you
tutto il giorno/tutta la giornata: all day long

ufficio: office
Ufficio Cambio: bureau de change
Ufficio Oggetti Smarriti: Lost and Found Office
ufficio postale/la posta: post office
ultima volta: last time
ultimi piani: upper floors
ultimo: last
un po': a bit, a little
unirsi a / venire con: to join
uovo (*pl.* **uova**): egg
uscire: to go out
uscita: exit

va bene!: all right!
vacanza: vacation
vado: I go
valigia: suitcase
valore: value
vaso: vase
vecchio: old
vedere: to see
vedersi: to see, to meet (each other)
veloce: fast, quick
venerdì(*m*): Friday
venire: to come
venire con: to join
vento: wind
verde: green
verdura (*pl.* **verdure**): vegetables
vestiti: clothes
vestiti confezionati: off-the-peg clothes

vestito da donna: dress
vestito: suit
via aerea: by air mail
via fax: by fax
via, viale: street, road
viaggiare: to travel
viaggiare all'estero: to travel abroad
viaggio: trip
viaggio di lavoro: business trip
vicino a: near, close to
vicino: near
vigile urbano: traffic warden
viola (invariable): purple
visitare: to visit
vista: view; **con vista di...** with a view of....
vitto e alloggio: room and board
vivace: bright, lively
vivere: to live
volentieri: with pleasure, willingly, gladly
volerci: to take/need
volere: to want
vuoto: empty

zaino: backpack
zia: aunt
zio: uncle
zucchero: sugar